New French Poetry
AN ANTHOLOGY

By the same author

Le Lyrisme de Rimbaud, Nizet, Paris, 1938.
Rimbaud l'Enfant, Corti, Paris, 1948.
An Anthology of Modern French Poetry, Blackwell, Oxford, 1952.
(Third revised edition, 1970).
Rimbaud, Bowes and Bowes, Cambridge, 1957.
Autour de Rimbaud, Klincksieck, Paris, 1967.

New French Poetry

AN ANTHOLOGY

by

C. A. HACKETT

Emeritus Professor of French, University of Southampton

BASIL BLACKWELL
OXFORD
1973

ISBN 0 631 14490 0 (Cased edition)
ISBN 0 631 14500 1 (Paperback edition)

Printed in Great Britain by Butler & Tanner Ltd, Frome, Somerset, and bound at the Kemp Hall Bindery, Oxford

TO
MY WIFE

PREFACE

This anthology, while complete in itself, is in some ways a sequel to an earlier work, *An Anthology of Modern French Poetry, from Baudelaire to the Present Day*. That 'present day' was twenty years ago, and today's literary scene in France, fluid and unusually complex, challenged the anthologist to attempt a further selection, this time from younger poets.

New French Poetry starts with poets born since 1924, the date of birth of the last poet in the previous anthology. Twenty-two poets are represented and, as it has turned out, none is younger than thirty-one. It was perhaps too much, in my reading of some hundred poets, aged sixteen and upwards, to hope to find a Rimbaud—one or two very young poets who showed distinct promise have suffered irreparably from excessive publicity and exploitation. In making my choice, I have tried to select poets whose work shows not only promise but some development and achievement; and which reflects a new and significant aspect of French poetry. The result has been that relatively few poets have been selected, but each is represented by a wide range of poems.

The Introduction does not claim to be more than a general account of the main change that has occurred during the past ten years in the French poetic tradition; but it is supplemented by the critical and biographical notes on individual poets. It is hoped that the reviews and articles under the rubric 'Consult' will be found helpful; for no books, and few full-length studies, have been published on the poets represented. The General Bibliography consists of books with varying approaches to the period, and which offer different kinds of help, from the factual to the discriminating, with an occasional stimulus through provocation.

The reader may prefer, however, to follow the exemplary advice of Louis Zukofsky: 'The best way to find out about poetry is to read the poems themselves'.

Shawford, Winchester
January 1972

C.A.H.

ACKNOWLEDGEMENTS

I wish to thank the following publishing firms for permission to reprint the poems contained in this anthology:

Éditions L'Age d'homme for—Louise Herlin: 'La familiarité de chatte lovée...' (*Commune mesure*, 1971).

Bibliothèque des Arts for—Philippe Jaccottet: 'Diamant, diamant, diamant...' (*Requiem*, 1947).

Encres Vives for—Jean-Claude Schneider: 'Peu de chose...' (*Un Doigt de craie*, 1970).

Éditions Fata Morgana for—Jean-Claude Schneider: 'Murmure intari...' (*La Nouvelle Revue Française*, No. 186–7, June-July 1968); 'Debout sur l'étendue...', 'Les plâtres inchangés...' (*La Nouvelle Revue Française*, No. 213, Sept. 1970); 'Ce qu'on espère...', 'S'introduire...' (*Le papier, la distance*, 1969)—Bernard Noël: 'Femelle étendue, page blanche...' (*Une Messe blanche*, 1970).

Flammarion et Cie for—Lorand Gaspar: 'Tout s'arrête...', 'Depuis des jours...', 'Toute cette grandeur d'air...', 'Ce cliquetis de rêves...', 'Si tu ne sais pas lire...', (*Le Quatrième État de la matière*, 1966); 'Et comment approcher...', 'Nous étions en train de...', 'Times Square...', 'Les vents s'arrachent...', (*Gisements*)—Bernard Noël: 'Il erra de nouveau...' 'Qui gouverne ce songe...', 'Peut-être eût-il fallu graver...', 'Depuis longtemps...', 'Avions-nous convoyé...', 'Bonjour du sel...', (*La Face de silence*, 1967).

Éditions de la Fondation Maeght for—Jean Daive: 'J'étais porosité...', 'De la terre...' (Le cri-cerveau in *L'Éphémère*, No. 7, Autumn 1968).

Éditions Galanis for—Robert Marteau: extract from Sibylla Sambetha (*Sibylles*, 1971).

Éditions Gallimard for—Louise Herlin: 'Nacre et perle, immobile…', 'Ce piaffement sourd de chevaux…', 'Tant de branches latérales…', 'Blanche, déroule sa spirale…', 'Voracité du geste quotidien…', 'Passe le train des planètes…', (*Le Versant contraire*, 1967)—Jacques Roubaud: 'A la fin oublie l'enfance…', 'Petit tamis pour pépites…', 'Le temps fuit…', Noyade, Nikonova (*E*, 1967)—Lorand Gaspar: 'Et tout de même…' (La Mer Morte in *La Nouvelle Revue Française*, No. 211, July 1970)—Jean-Philippe Salabreuil: Chiffonnerie, Je t'apprends à mourir (*La Liberté des feuilles*, 1964); Dans la haute année blanche (*Juste retour d'abîme*, 1965); Noël, La Torche rouge (*L'inespéré*, 1969)—Michel Deguy: Autre champ de Bretagne (*Fragment du cadastre*, 1960): La Presqu'île, Le Menhir, Le Château, Le Sablier (*Poèmes de la Presqu'île*, 1961); 'Entre la mer…', 'Maintenant je sais…', (*Biefs*, 1964), 'Quand le vent pille…', 'Moraine bleue…', 'La vie…' (*Ouï Dire*, 1966); 'Car le monde a besoin…' (*Actes*, 1966); Haiku du visible (*Figurations*, 1969)—Philippe Jaccottet: 'Sois tranquille, cela viendra…', (*L'Effraie et autres poésies*, 1953); Le Secret, Les Distances (*L'Ignorant*, 1957); 'Vérité, non-vérité…', 'Toute fleur n'est que de la nuit…', Fruits, 'Sérénité…', (*Airs*, 1967): Le Pré de mai (*Paysages avec figures absentes*, 1970)—Jean Pierre Faye: 'Où monte la crête de montagne…', 'Les branches plient…', 'Les pierres habitées…', 'Cris ou paroles sont interrompus' (*Couleurs pliées*, 1965)—Jacques Dupin: 'Nulle écorce pour fixer…', 'Les fleurs lorsqu'elles ne sont plus…', 'Tu ne m'échapperas pas…', 'J'observe jusque dans mon corps…', 'Commencer comme on déchire un drap…', 'Saluons ce qui nous délivre…', 'Assumer la détresse…'

(*L'Embrasure*, 1969); Le Chemin frugal, L'Égyptienne, 'Longtemps l'angoisse...', (*Gravir*, 1963)—Pierre Garnier: 'Finis ces temps...' (*Seconde géographie*, 1959); 'Est-ce toi...', 'Le poème?...', Jeanne d'Arc en Picardie, Jeanne d'Arc au bûcher, 'Tu bouges lentement...', Bateau (*Perpetuum mobile*, 1968); Soleil mystique (*Spatialisme et poésie concrète*, 1968)—Jacques Réda: Flaques, Automne, Dans la maison, L'Intervalle, Amen (*Amen*, 1968); Le Correspondant, L'Œil circulaire, Transfert, 'Disparu j'ai franchi...' extract from Récitatif (*Récitatif*, 1970)—Jean Pérol: La Main serrée, Par des morts fragmentaires, Salutaire, Judo (*Le Cœur véhément*, 1968); Les Drapeaux, Boeing, C'est vrai—le blanc—(*Ruptures*, 1970)—Pierre Oster: Troisième Poème, 'Souffle sentencieux...' (*Le Champ de mai*, 1955); Seizième poème (*Un Nom toujours nouveau*, 1960); Dix-huitième poème (*La Grande Année*, 1964); Vingt-cinquième poème (*Les Dieux*, 1970)—Jude Stéfan: Inspiration, Enfance, Amitiés, L'yahou (*Cyprès*, 1967); Animaux, Oubli, Précieuse, Satiété, Gardienne (*Libères*, 1970); A la nue (*Les Cahiers du chemin*, No. II, Jan. 1971).

Éditions Guy Chambelland for—Jean Pérol: Dits de la poésie (*L'Atelier*, 1961); Au Tain de ce matin, Cage (*Le Point vélique*, 1965).

Éditions Guy Lévis Mano for—Jean Pierre Faye: Miroir fleuve renversé (*Fleuve renversé*, 1960).

Mercure de France for—Jean Daive: extracts from *Décimale blanche*, 1967—Pierre Dhainaut: Nue, Ici, Clé de Voûte (*Le Poème commencé*, 1969).

Éditions Mermod for—Philippe Jaccottet: 'Diamant, diamant, diamant...', (*Requiem*, 1947).

Le Nouveau Commerce for—Louise Herlin: Le Sommeil (*Le Nouveau Commerce*, No. 17, Autumn 1970)—Pierre

Dhainaut: 'Je reste...', (En cette feuille illuminée from *Le Nouveau Commerce*, No. 18–19, Spring 1971).

Librairie Payot for—Philippe Jaccottet: 'Beauté: perdue comme une graine...' (extract from *La Semaison*, 1963).

Éditions Peralta for—Pierre Dhainaut: Mon sommeil est un verger d'embruns (*Mon sommeil est un verger d'embruns*, 1961).

Henri Poncet for—Bernard Noël: 'Elle pensa que...' (extract from A vif enfin la nuit in *Actuels*, No. 8, January 1969).

Éditions de la Salamandre for—Pierre Dhainaut: Entre oubli et devenir, toujours (*Secrète lumineuse*, 1963).

Éditions Seghers for—Joyce Mansour: 'Les machinations aveugles...', 'Homme malade...', 'Danse avec moi...', La Cuirasse, 'Noyée au fond d'un rêve ennuyeux...', 'Vous ne connaissez pas...' (*Rapaces*, 1960)—Jacques Roubaud: De l'aventure (*Voyage du soir*, 1952).

Éditions Seghers/Laffont for—Jacques Roubaud: 'Un moment central...' (Trois ou dix-neuf poèmes in *Change*, No. 6, 1970).

Éditions du Seuil for—Robert Marteau: Marins, 'Pays! je m'agenouille...' (*Royaumes*, 1962); Là-bas, Hommage à Gustave Moreau, Faena de Capa (*Travaux sur la terre*, 1966) —Denis Roche: 'A toute extrémité...', 'Parlez-moi vite Madame...', 'Madame je n'ai pas encore...', 'Quand il lui confie...' (*Récits complets*, 1963); 'Il s'agit d'hommes...', La Vache (*Les Idées centésimales de Miss Élanize*, 1964); 'Le verbe ayant produit...', 'Finirait-elle par rentrer...' (*Éros énergumène*, 1968)—Jean Pierre Faye: 'Le carré se change en pointe...', 'Tandis que tout, dans le verre...', 'Par là, par là justement...' (Le Change in *Change*, No. 1, 1968)—Marcelin Pleynet: Écriture, 'Quelques ruines...', (*Provisoires amants des nègres*, 1962), Un des écran est tombé (*Paysages en deux*, 1963), 'Ces matinées...', 'Elle traverse les blés…', 'Il croit que…', 'Aussi bien dans ce livre…', 'Ici ou là…', (*Comme*, 1965).

André Silvaire for—Pierre Garnier: Printemps, L'Été (*Les Lettres*, No. 29, 1962)

Le Soleil Noir for—Joyce Mansour: Il faut faire corps avec la lame (*Carré blanc*, 1965)—Jean-Pierre Duprey: 'Monsieur H.—Je compte les jours…', 'Et j'entendis…', 'Il arrive que la veilleuse…', (*Derrière son double*, 1964), Chansons à reculons, Un Safran de Mars, Saveur d'homme, Mémoire à faux (La Fin et la manière, 1965)

Éditions G. Visat for—Joyce Mansour: 'Rien ne me restera de mon corps' (*Les Damnations*, 1967)

I should like to express my sincere thanks not only for the personal authorizations but also for the helpful co-operation given by the following poets: M. Jean Daive, M. Michel Deguy, M. Pierre Dhainaut, M. Jacques Dupin, M. Jean Pierre Faye, M. Pierre Garnier, M. Lorand Gaspar, Mme Louise Herlin, M. Philippe Jaccottet, Mlle Joyce Mansour, M. Robert Marteau, M. Bernard Noël, M. Pierre Oster, M. Jean Pérol, M. Marcelin Pleynet, M. Jacques Réda, M. Denis Roche, M. Jacques Roubaud, M. Jean-Claude Schneider, M. Jude Stéfan.

CONTENTS

INTRODUCTION

Writing about the state of French poetry in 1964, I ventured to comment that 'in the work of the older as well as the younger poets, there are signs that they may be outgrowing the influence of Baudelaire'.[1] In the eight years that have elapsed since then, this tentative generalisation has been confirmed. It can no longer be said that the most important part of contemporary French poetry is Baudelairian. The 'lignes de force' (the expression used by Marcel Raymond in *De Baudelaire au Surréalisme*) have changed; and the fertilising influence of *Les Fleurs du Mal* has been replaced by Mallarmé's *Un coup de dés* and *Divagations*. There has been no actual rejection of Baudelaire; for even those who have expressed reservations about his 'attitudes', or his ideas about 'correspondances' or 'le merveilleux', have never doubted his stature as a poet. His relevance to the scientific age, this 'époque de mutation', has however been questioned; and this, accompanied by a widespread preoccupation with language as a system of signs, and with a non-expressive literature, has resulted in a decisive change of emphasis. Other changes have followed. More attention is now given to Lautréamont than to Rimbaud; to Ponge than to Jouve or Char; to Artaud and Bataille (once marginal figures) than to Breton and Eluard. Shifts of emphasis are, of course, normal in the history of poetry; as those minor agents of change, the old-fashioned literary influences, modify techniques and

1 *An Anthology of Modern French Poetry*, second edition (Oxford, Blackwell, 1964), p. xlix.

genres. But today the change has been accelerated by more profound forces which have disturbed society itself and affected our ideas about the nature of poetry and the poet's function.

At the present time, the French poetic scene is one of intense and diversified activity, with at least twenty reviews devoted entirely or in part to poetry and the criticism of poetry; and, according to one estimate, more than three hundred poets actively engaged in writing. Several new poets have emerged, some promising, some important. There are no 'schools' as such, but a number of individual poets writing in isolation might be grouped together as 'les poètes du regard'. They, like the new novelists, are interested in things and the relationships between them; and also, in common with most contemporary poets, in the relationships between words, linguistic structures and phenomena. A few well-defined groups of writers have been formed, the most challenging being those centred on the review *Tel Quel*, founded in 1960; and its rival, *Change*, founded in 1968. There are fresh, if intermittent, manifestations of vitality from two international movements—Surrealism, and concrete poetry or, to give it the wider term, Spatialism. Some poets still use traditional devices such as rhymes and the stanza form; but many have abandoned altogether what Apollinaire called 'l'ancien jeu des vers'. Instead, they are using typography—the play of the black characters on the white surface of the page—to produce unaccustomed shapes and rhythms, strikingly described by Michel Deguy as 'typographie éclatée du poème, constellations du piano webernien'.

During the past decade, French poets have been unusually receptive to the ideas of the many highly trained specialists—

anthropologists and ethnologists; psychologists and sociologists; linguists, structuralists, and formalists of every persuasion—who have invaded the literary domain. They have also been exceptionally responsive to a wide range of ideas from foreign literatures and countries. Political ideas from Russia, and now China, are dominant in *Tel Quel*, and its poets have also been influenced, linguistically at all events, by a number of writers in English. Other poets have turned to German, Italian, or Spanish literature; but it is the influence of Japanese that is pervasive.

This is significant for its own sake, and as a sign of a general reaction against a line of poetry which springs from Baudelaire; the poetry of the 'voyants' and the surrealists. Under the Japanese influence, in particular that of the 17-syllable *haiku*, the 31-syllable *tanka* and the linked verses or *renga*, new kinds of poetry have come into existence. These may seem to have affinities with a certain kind of short poem recommended by Poe, and practised by French poets ever since Baudelaire; but now the extreme brevity and intensity are used to express an impersonal, objective vision, usually of inanimate things. At least five poets represented in this anthology have been influenced by the *haiku*, and have, like Jaccottet, found in this 'poésie *sans images*' (his emphasis) wisdom, and a supreme example of modesty, of 'l'effacement absolu du poète'. Jacques Roubaud's *Renga*, written in collaboration with Octavio Paz, Edoardo Sanguineti, and Charles Tomlinson is of special interest. Although dedicated to André Breton, it is different in many respects from surrealist collaborative works such as *Les Champs magnétiques* and *L'Immaculée Conception*. In *Renga*, the poetic team is composed of writers of *different* nationalities who, instead of capturing from the unconscious mind images of strange beauty, make us aware of the possibilities of our conscious heritage. Moreover, what counts in *Renga* is not the poetic experience but the finished work. As Octavio Paz has written 'les auteurs disparaissent en tant qu'individus au bénéfice de l'œuvre commune'.

A preoccupation with tropes or figures is a further illustration of this turning away from images, and from a literature of the unconscious. It is opportune, and perhaps salutary, that there should be a reaction against the surrealists' belief in the power of images, which Breton claimed were 'les seuls guidons de l'esprit'; but the extent of the reaction is surprising. The image itself is now suspect. It is no longer examined as evidence of the quality of the poet's inner life, but is used, along with other figures, from the antonomasia to the epanadiplosis, as a counter in linguistic speculations.

The interest in figures embraces typography, the patterns words form on the page; and visual, concrete and other spatialist texts. It also includes calligrammes like those of Apollinaire, as well as metaphysical calligrammes which, according to Michel Deguy, represent or 'figure' our essential being. Not surprisingly it extends to the ideograms of the Chinese language and to its Japanese derivatives; to the signs and symbols of the mathematician; and even to such humble figures as those made by the constituents of a game and by the players using them. An element of game, ranging from the simplest meaning of the word 'jeu' to Mallarmé's 'Jeu suprême', is, in fact, present in all these manifestations.

It is again as a highly intellectual game that Denis Roche and Marcelin Pleynet, the poets of *Tel Quel*, use words and ideas to attack not only images but also poetry and literature. But their game, although it has sportive and even witty features, notably in their pastiches and parodies, is of a political nature.

Philippe Sollers, the chief Tel Quelist, makes this explicit in the statement 'Toute écriture, qu'elle le veuille ou non, est politique. L'écriture est la continuation de la politique par d'autres moyens'. And when Denis Roche declares 'La poésie est inadmissible, d'ailleurs elle n'existe pas', he is rejecting all subjective poetry, whether lyrical, symbolist, or surrealist, because, according to him, it is an expression of the 'bourgeois' mentality and an outworn ideology.

For the *Tel Quel* group, literature has been replaced by a 'pratique matérialiste du langage', summed up in one key-word 'écriture'. In their view, 'littérature' conveys the idea of something static or finished, an aesthetic product; whereas 'écriture' suggests a continuing activity, the gestures of the craftsman as opposed to the illuminations of the 'Voyant'. Here they acknowledge their debt to Ponge who, long before the group existed, saw poetry not as a personal or 'inspired' form of expression but as an activity, a craft, *un travail*. A sense of activity is also conveyed by *Tel Quel*'s term for a book 'l'écriture qui se fait aussitôt lecture' or 'ce qui met le monde en forme de *comme*'. Similarly, the pages expand to become 'une surface', 'un espace de lecture' or 'un champ d'échange'. The poet, like any other writer, is an 'écrivain', 'scribe', or 'scripteur'. Poetry is an 'opération' (the term is taken from Mallarmé), or a 'scription opérante' or simply an 'écriture'. A 'poème' is still occasionally a 'poème' (the word is often used ambiguously or derisively), but more frequently a 'poème' is a 'texte', a 'tissu de signes', a 'parabole gestuelle', or a 'tranche d'écriture'.

The deployment of these terms (of which many more specimens could be given) is an essential part of a subversive campaign against literature. Literature has, of course, been attacked before—by Verlaine with 'Et tout le reste est littérature' (but he was rejecting 'tout le reste' for the sake of lyricism); and by the surrealists who, in their ironically titled review *Littérature*, disposed of Verlaine, lyricism, and all the rest of purely subjective literature. In the opinion of *Tel Quel*, this rejection, though necessary and laudable (the debt to Surrealism is admitted), was little more than a defiant gesture. Their own offensive is systematic, tenacious, and political.

While undermining and subverting poetry, *Tel Quel* has created or produced an anti-poetry, freed from literary forms, and the restraints of subject, theme, and meaning. By its very nature, the virtues of this 'écriture' are mainly negative; but it has a curiously rhythmic and astringent exuberance. However one reacts to it, one is certainly forced to reconsider fundamental questions such as the relationship of the text to the author, of the text to the reader, the activity of reading, the nature of poetry, the place and function of the poet in the twentieth century.

The poet, as seen by the romantics and the symbolists, has been scaled down to human proportions. According to Sollers, he is 'quelqu'un qui doit rompre avec décision avec l'expression "poétique" et ses dieux, avec le symbolisme arriéré et sentimental, emphatique, dont nous sommes encore accablés'. This view, although peculiar to *Tel Quel*, is not an isolated example of the reassessment of the poet's function. It is, indeed, doubtful if any poet now writing sees himself as a prophet, magus, or 'voyant'. Even the more traditional poets, like Pierre Oster and Robert Marteau, who are equipped with a religious or spiritual *art poétique*, no longer feel able to speak with the certitude and authority of a Claudel. At the other extreme, Jaccottet sees the poet as *L'Ignorant*, who declares 'A partir du rien. Là est ma loi'; and instead of striving for the unknown and the invisible, whether in the mind or in some *au-delà*, is content to be a 'contemplateur du zodiaque terrestre, d'une galaxie arrêtée dans un jardin'. Likewise, Deguy's quest is confined to this earth, and he too is a 'contemplateur' who, seeing with the eye of the artist, reveals in the natural scene before him endlessly fresh and aesthetically satisfying patterns. For Pierre Garnier, the poet is a 'constructeur', who may sign the work to show that he has had some part in its making, or merely give 'des indications pour le voyage', which the *poem* maps out and takes. Jean-Claude Schneider asks only to be the poet of the 'presque insignifiant'; and Jacques Dupin, speaking for himself and also for the poet, exclaims: 'Ignorez-moi passionnément!' The hero is no longer the poet but language itself, and most writers would agree with Bernard Noël who affirms 'je respecte trop l'écriture pour me dire écrivain'.

The poet, in the atomic age, is conscious less of the greatness of his role than of its limitations. At times he does not even wish his work to show any trace of his own personality. He effaces himself and, as it were, withdraws. As he does so, his words appear to take the 'initiative'; and the work acquires, in compensation, an extra dimension, and even a certain mystique. The paradox is true for most contemporary French poets, but in particular (although they would be the last to admit it) for the poets of the *Tel Quel* group who, as idealistic in this as the despised surrealists, seek to change the world by words—or *écriture*—alone.

Each aspect of the poetic scene briefly touched on here could form the subject of a separate study—typography; the Japanese influence; linguistics and figures; the change in the role of the poet; and, in particular, the turning away from Baudelaire, and the attraction exercised by the work and example of 'artistes' rather than 'voyants'. Taken together they point to a search for a less personal, even an anonymous kind of poetry. While it may still be possible to think of poetic activity as a journey, a quest, or an adventure; the metaphor, to be appropriate, must be modified. The course has changed, and the essential bearings are now being taken from Mallarmé, and from a succession of formalists in many disciplines and fields of study—Saussure and Jakobson, Freud and Lacan, Joyce (the Joyce of *Finnegans Wake* rather than *Ulysses*) and Ezra Pound, Ponge and the *Tel Quel* group, Roland Barthes, Gérard Genette, and numerous others. This new adventure, in which figures have displaced images, and the conquest of 'l'espace linguistique' has become more urgent than the exploration of what Baudelaire called our 'ciel intérieur', is as stimulating as it is difficult to follow and assess. So far, it has produced a challenging profusion of theoretical writings, critical texts, and fresh experimental poetry.

ROBERT MARTEAU

MARINS

Ils enluminèrent les voiliers,
Sortirent la rose du varech,
Se firent vendangeurs
Quand la voile fut ferlée.

Marins bleus qui veniez sur la terre
Parmi nous pour broyer le raisin,
Je me souviens que vous tanguiez
Sur les carrioles en chemin.

Les chèvres et les boucs
Passaient leur tête dans le lierre;
Vos têtes étaient rouges, vous chiquiez
En chantant des refrains.

Le soleil comme un chien
Mordillait les rayons des roues,
Vous preniez pour des algues
Les trèfles en regain.

Marins, marins, mon mercure et mon sel,
Je vous entends la nuit
Quand vous limez
La cage des méridiens.

Royaumes

Pays! je m'agenouille, je touche l'herbe!
Je compte tes os; j'aime ton odeur de vin et de tabac,
De poils, de fourrure, d'aile mouillée,
Et les charrois d'hiver dans la noirceur des forêts,
Et le cor et la conque marine et les phares qui tournent.
J'aime entendre le grec et le rapporteur romain
Parler de ce peuple de Bretagne et dire l'innocence
qu'il a dans le combat,
Et raconter sa joie et son amour de vivre;
J'aime leur entendre dire la couleur de ses yeux
Et qu'il offrait sa poitrine
Aux aigles des légions.

Auvergne que je verrai comme une roue de fonte, une
giration soudain figée, un œil, un lac noirci par la
chute des chênes, un soleil
Dont font pâture au centre les étourneaux, mais le chef
couronné de pétales, passant ainsi l'hiver,
Sous les nuées, les coups que rien n'arrête depuis l'océan,
Dans les fils de la Vierge voyant naître son vrai fils,
Qui est l'astre même, et le cavalier de l'écume, et la soie
rouge de notre chair.

Heureuse vallée!... A l'aube la troupe des poulains se rabat
sous les pommiers,
Un homme monte,
Pour la première fois la terre est devant lui; les seigles sont
bleus, ainsi que l'orge.
Il sait lire l'écriture des coquelicots; il voit ce cœur affaité,
cette couronne de graphite dans les flammes,
Dans un brasier de nielle l'oiseau qui brûle, et le sphinx
et le phénix sur le double fléau.

Il entre dans la demeure révélée: un duvet de feuillaison
 s'empare des chevaux de frise,
Venise s'exhausse des miroirs, partage comme une bogue
 son empire marin.
Dans l'incendie des ronciers, de son seul amour faisant sa
 robe d'armes,
De son lougre, sur la lame verte, offrant au vent toute la
 toile, salué, fêté par les corolles
Quand on lance sur la mer sa brassée de filets,
Dans un bruissement d'alouettes, — le cristal aspirant ses
 dernières couleurs, —
Voilà qu'il franchit la barre,
Et la Sainte sur son bûcher n'attendait plus que ce feu.
Heureux amants qu'une même fortune lie,
A la limite de l'éternité
Brûlant et engendrant.

Royaumes (Extract from *Royauté*)

LA-BAS

L'horloge sur des tas de coquilles décalque
Le temps. Le foin bleuit. Nous allons vers la mer
Et soudain il n'y a plus d'arbres mais des bœufs
Qui tirent des charrois de varech sur le sable.

Une bande d'étourneaux s'égraine dans les vignes.
Un cri comme une noix! Des touffes de méduses
(Leur ventre violet éclate sous le fer)
A la crête du flux font d'énormes rosées

De pleurs et de poisons. La carcasse d'un chien
(Les crabes ont mangé la viande), cage d'os
Ensablée, oscille au rythme de la marée.

O pays de tristesse où la tourbe mûrit,
Tu saignes lentement comme un faisceau d'entrailles,
Ou bien comme un oiseau que le vent a cassé.

Travaux sur la terre

HOMMAGE A GUSTAVE MOREAU

Lunaire, nocturne, en quel attelage
Vous liez au vin le sang du taureau,
Aux vignes le cheval, l'ange au poteau?
De quelle erreur tirez-vous avantage?

Sombre secret sous la tombe de l'eau
Le vôtre est quel jeu? De quelle image
Du monde tenez-vous cet assemblage
De bêtes, de bijoux, et l'oripeau

Qui couvre science et vérité? Fastes
Anciens en faisceaux assemblés vers
Le sommet où Christ règne, armes et mers,

Brillent d'un même éclat, et sur de vastes
Vignobles de vin bleu votre main tend
Aux chimères le rets qui les surprend.

Travaux sur la terre

ROBERT MARTEAU

FAENA DE CAPA

Qu'une aile, qu'un pétale, apaisent tant de force,
Qu'une étoffe éployée amène dans ses plis
Ces muscles en paquets qui tendent leurs poignards,
Que l'œil et que l'esprit gouvernent ce chaos,

Qu'à l'orange, à la rose obéisse la nuit,
Qu'à la flamme qu'on feint s'embrase le charbon,
Que le sang, dans un feu, dans un bruit d'éventail
Se rallume, s'éteigne et bouillonne et se noie,

Que le monde soit vu dans un cercle de planches:
Ses grèves, ses voiliers (astres majeurs, planètes),
Sa chute, son duel que la grâce résout;

Que soit la cinquième heure heure d'éternité,
Que l'on soit n'importe où et qu'on soit au milieu
Fait le cœur en ce lieu terrain de vérité.

Travaux sur la terre

POÉSIE

Viendra le temps où je passerai outre
sinon qu'ELLE disparaisse
belle comme une publicité de carburant.

(Published in *Preuves*, No. 197, July 1967)

ROBERT MARTEAU

SIBYLLA SAMBETHA

Laissez qu'au moins j'accomplisse le rite.

Je n'abandonne pas l'échiquier, ni la mer
        ni le jeu, et si l'on me donne à miser
                tel grain chû du van
        je hasarde sous la terre mes pas
        pareil à ceux que l'alternance élut
        et qui tantôt vont au gouffre
        puis fortifient la vendange

        La transparente me vient
        amour lointaine d'éclipse
                miroir qu'il arrive
                au souffle de feuiller
        quand l'hiver est seul adage.

Un rien de bleu sur les canaux,
comme un geai porte au coin de l'aile.
        Qu'on me hisse au gréement:
                à l'horizon je veux voir
        le linge immobile
où j'aime imaginer le bouvreuil.

Comme aux ramures le lierre tient,
        à la mère l'agneau bêlant,
moi à votre énigme, à d'autres temps.

Écume si le vent vient des mers,
        image que j'ai longtemps tenue,
ta bouche oraculaire maintenant se tait,
        pourquoi?

Ah le monde fut ce bleu de jacinthe
    où la neige déteignit,
et il y eut plein de gémissements,
    et les vasques vides
recueillirent le sang
que les archers du solstice
s'émerveillaient de faire couler.

Centaures veinés de rouge, je vous ai vus
sous la coque renversée. D'autres sages,
d'autres sciences comptent nos vertèbres.
D'internes marées dévastent les abîmes.
Le temps n'est plus que vous fléchiez le pôle.
        Loin du vignoble
nos soucis. Loin du lierre l'amoureuse.

Je suis las des grammairiens,
    je suis las des linguistes:
de faux anges se sont mis à philosopher
    nous rêvant des geôles vraies.

    Aux dieux les demeures,
aux dames le damier. Viens, bouvreuil,
à la croisée: ne t'effraie pas du sang
que le chardonneret laissa sur la vitre.
Du harpon, ils ont frappé le poulpe
et la figue lactifère; et pourtant tu te lèves,
constellé, toi qui feras le verbe visible.

    Qu'on ne m'attende pas.
Les jours se fourvoient dans la verrière
et les oiseaux brisent contre le plomb leur gosier.

L'enfer fut un effroi pour d'autres temps,
l'oubli est remède au peu de mémoire.

Entre sel et dahlia, Ostende blanchit.
Sur les parois du dédale,
une profusion de gouttes fines,
et sur le feuillage des saules pleureurs.

La bouche s'est tue. Illusoirement
je crois entendre meugler le minotaure.
Sibylle,
Sibylle! Au moins si du gel qui te clôt
j'effleurais le froid.

Sibylla Sambetha (extract)

LORAND GASPAR

Tout s'arrête
décembre désert
les bras lourds.
La lumière se cherche sur nos mains
Et soudain tout est plume
On s'envole comme une neige à l'envers.

Le Quatrième État de la matière

Depuis des jours
Nous ne sommes plus sensibles qu'aux pierres.
Notre marche se fait parmi les gypses aveuglants,
gisement étroit entre deux points d'eau.
Dans ma vie d'arbre brûlée au soleil
parfois d'une immense tendresse j'oublie
que tout est sourd
et me lève comme une mélodie.

Le Quatrième État de la matière

Toute cette grandeur d'air
S'engouffre et s'en va dans les gestes
Et tout ce qui n'est pas encore
Vient si près
Ce point d'or d'un univers éteint

Je connais tes pas qui s'usent dans mes veines
Je connais ton pas comme les mots que j'ai faits
Comme tout ce qui troue mon silence
Et se défait.

Tu verses des nuits dans mes membres
Et me laisses
Quand le jour se heurte à mes lampes
Te refaire de rien.

Le Quatrième État de la matière

Ce cliquetis de rêves
Que tu es venue greffer dans ce désert
Où le vent se prépare avec les soins, la minutie
d'un entomologiste penché sur les coléoptères,
Le désert d'un arbre ou d'une rose.
Ce que j'aimais par-dessus tout
C'était la fragilité extrême du bonheur
C'était en somme l'invention de la tige
Cette poussée téméraire, vulnérable
Occupée seulement à croître.

Le Quatrième État de la matière

Si tu ne sais pas lire sur une pierre lavée par les ombres,
Si tu ne sais pas comment une rose ruinée de fièvre
a pu manger le jour
Si tu ne peux pas voir le feu

Avec tes ongles et ta peau
alors
alors rien.

Le Quatrième État de la matière

Et comment approcher ce qui est vrai sur nos longs
escaliers de différences
puisqu'il y a des rêves dont on ne se réveille jamais?
Éprouver la résistance de nos chevilles et poignets
Nos dons de chutes de neige et de pétales envolés
De verres à vitraux et de perles bon marché
Oser mettre en joue le tout en face du soleil
Célébrer l'amplitude du rayon matinal
Tout ce que sous peine de mort nous n'avons pas droit
d'habiter.

Gisements

Nous étions en train de construire un langage à couches multiples, caves, étages, escaliers, corridors réversibles et solidaires, une sorte de monstre votif où muscles, os, organes, désirs et raisons, avec leurs exigences les plus immédiates et celles invraisemblables seraient représentés avec la même acuité, les mêmes droits de persuasion. Présences exigeantes, ruineuses.

L'homme ce prolifique organe de langage, qu'il dise, tel un univers de sonorités conquérantes, qu'il dise en face du silence qui se dérobe, son être-là prodigieux, blessant et insupportable.

Et qu'importe si on se parle à soi-même seul?
Que cette présence éclate! On minera le reste. Quoi d'autre
que cette musique de soi à soi parmi le péril imminent?

Gisements

Times Square. On finit par avoir du néon dans les veines.
Des bleus injectés de roses somnifères
Des passages de la vitesse du vert
Et le stop rouge au milieu du vitrail
Fait basculer une paupière olivâtre
D'impondérables rires de vénitiennes
Tricot de corps strié de matelots
Sur tout ce que j'avais à dire
Et par les antennes et les mâts
La surprise de vivre dans les os
D'un soleil enfoui
Dans des fossiles mois d'août
Des bandes magnétiques des transistors et des frigidaires
Et tous les jus pressés de l'amour
Frais et glacés
Il reste encore tant de gratte-ciel à faire
De cinéramas et de gros plans de larmes artificielles
Assis tranquillement dans nos fauteuils
Avec de longues mains paralysées.

Gisements

Les vents s'arrachent de grands volets d'encre
La mer au loin renverse ses dessous et en rit.
Tu peux savoir cette fracture du large sous les pieds
Au creux du sable et t'endormir.

Récitation de troupeaux. On lance les dés quelque part
Le verbe mourir à conjuguer disait quelqu'un. On trinque.

Travail forcené d'insecte dans un bloc de silence compact.

Que faire?
A quel acte sommes-nous?
Qui prendra l'air de circonstance?
Une fêlure, le cristallin glisse. C'est fait.
C'était depuis le commencement.
Etait-ce tard déjà?

Commencer.
Ce commencement vieillard
Il y eut tant, mais tant de choses précédentes.
Idées de choses, idées d'idées, et silence de l'idée
Il y eut cette attente énorme et terrifiante,
A la place des atomes et des lois rien que l'attente
Avant de s'être vêtus de mouvements et de forces.
Avant le jeu de présence-absence
Rapports et échos
Puissance nue
Paysage sans trame où rien ne bouge et rien n'est immobile.
Où rien n'est rien.
Cela devait arriver.
Orion grimpe vers sa coupole et les chiens aboient comme
d'habitude.
Mais tout est à peu près imperceptible.
Et seul, debout, notre entêtement étrange de parler.
De tout temps choisissant l'impossible parmi toutes les
distances à parcourir.

Gisements

Et tout de même
dans l'aine brûlante du Sud
viennent s'ébattre des grands squales bleus et des papillons
entre le vison minéral et les calcaires de daim
entre les monts de fer qui dénudent
l'œil et les vents irisés du commencement
jusqu'à ce qu'on aperçoive le tissage relâché du ciel
là où Dieu parla à ses peuples
entre les laves noires du Sinaï
et le brasier fauve du Djebel Hirâ
entre Celui qui avança dans l'incendie
et Celui qui vint à travers des pans de ciel écroulés
Celui qui a formé l'homme de glaise et
Celui qui le créa de sang coagulé
il y a le chant de la mer
il y a ce grand corps souple de lilas abattus
et les dix-huit dards poisonneux sous les plumes
ébouriffées du ptéroïs volant

MER ROUGE
à la chair violette d'iris du désert
aux entrailles de coraux sépia
et plus bas
dans les mines profondes de la nuit
une dernière flamme
de corail de feu.

Et une fois de plus
partis de cette première faille
orange et verte
qui couve sous la voûte nocturne de l'acier

nous avons marché dans ce pays dur
de la soif et des rêves,
marché du front abrupt jusqu'aux flancs plus doux
de la lumière,
errants de combien loin?
et quelles distances parcourues sans jamais
jamais avoir quitté
le centre serré du silence?

Ici
toute la terre
se repose de sa fécondité
et tout son bonheur est tendu entre
deux gazelles et deux nuits
distantes à peine d'un pli dans la lumière
et le défi tranquille
de l'horizon imprenable.

Sol absolu (extract)

PHILIPPE JACCOTTET

Diamant, diamant, diamant.

Peut-être ils sont flambeaux,
mais les feux de l'automne?
Peut-être ils sont lumière,
mais le coq de midi,
mais la soirée pareille à des bleus de colombes?
Il n'y aura plus de jours.

O cité de blancheur,
éclat triste,
cristal.

Ou si peut-être ils se souviennent...
(Rien que les choses sur la table, ou les visages,
la porte du jardin... Un rire suffirait,
et nous serions vivants pour toujours...)
Mais rien ne suffira:
vie éternelle n'est pas vie,
vie est mourante,
feuille fragile de laurier,
sourire,
couronne d'écume...

Éternel est cristal.

Quel froid se lève soudain sur eux du fond du jour!
Mais leur souffrance brûle

et crie
Et leur mort est ce cri peut-être, presque humaine,
un peu vivante encore par ce cri.
Nul ne leur volera leur mal.
Cri de souffrance,
flambant buisson d'épines...

Mais les buissons s'éteindront dans le vent,
l'arbre et la flamme sécheront,
il n'y aura plus d'eaux vives.
Tout cri sera diamant,
vain diadème aux fronts morts,
cristal.

Requiem (extract)

Sois tranquille, cela viendra! Tu te rapproches,
tu brûles! Car le mot qui sera à la fin
du poème, plus que le premier sera proche
de ta mort, qui ne s'arrête pas en chemin.

Ne crois pas qu'elle aille s'endormir sous des branches
ou reprendre souffle pendant que tu écris.
Même quand tu bois à la bouche qui étanche
la pire soif, la douce bouche avec ses cris

doux, même quand tu serres avec force le nœud
de vos quatre bras pour être bien immobiles
dans la brûlante obscurité de vos cheveux,

elle vient, Dieu sait par quels détours, vers vous deux,
de très loin ou déjà tout près, mais sois tranquille,
elle vient: d'un à l'autre mot tu es plus vieux.

L'Effraie et autres poésies

LE SECRET

Fragile est le trésor des oiseaux. Toutefois
puisse-t-il scintiller toujours dans la lumière!

Telle humide forêt peut-être en a la garde,
il m'a semblé qu'un vent de mer nous y guidait,
nous le voyions de dos devant nous comme une ombre...
Cependant, même à qui chemine à mon côté,
même à ce chant je ne dirai ce qu'on devine
dans l'amoureuse nuit. Ne faut-il pas plutôt
laisser monter aux murs le silencieux lierre
de peur qu'un mot de trop ne sépare nos bouches
et que le monde merveilleux ne tombe en ruine?

Ce qui change même la mort en ligne blanche
au petit jour, l'oiseau le dit à qui l'écoute.

L'Ignorant

LES DISTANCES

à Armen Lubin.

Tournent les martinets dans les hauteurs de l'air:
plus haut encore tournent les astres invisibles.
Que le jour se retire aux extrémités de la terre,
apparaîtront ces feux sur l'étendue de sombre sable...

Ainsi nous habitons un domaine de mouvements
et de distances; ainsi le cœur
va de l'arbre à l'oiseau, de l'oiseau aux astres lointains,
de l'astre à son amour. Ainsi l'amour.
dans la maison fermée s'accroît, tourne et travaille,
serviteur des soucieux portant une lampe à la main.

L'Ignorant

Beauté: perdue comme une graine, livrée aux vents, aux orages, ne faisant nul bruit, souvent perdue, toujours détruite; mais elle persiste à fleurir, au hasard, ici, là, nourrie par l'ombre, par la terre funèbre, accueillie par la profondeur. Légère, frêle, presque invisible, apparemment sans force, exposée, abandonnée, livrée, obéissante — elle se lie à la chose lourde, immobile; et une fleur s'ouvre au versant des montagnes. Cela est. Cela persiste contre le bruit, la sottise, tenace parmi le sang et la malédiction, dans la vie impossible à assumer, à vivre; ainsi, l'esprit circule en dépit de tout, et nécessairement dérisoire, non payé, non probant. Ainsi, ainsi faut-il poursuivre, disséminer, risquer des mots, leur donner juste le poids voulu, ne jamais cesser jusqu'à la fin — contre, toujours contre soi et le monde, avant d'en arriver à dépasser l'opposition, justement à travers les mots — qui passent la limite, le mur, qui traversent, franchissent, ouvrent, et finalement parfois triomphent en parfum, en couleur — un instant, seulement un instant. A cela du moins je me raccroche, disant ce presque rien, ou disant seulement que je vais le dire, ce qui est encore un mouvement positif, meilleur que l'immobilité ou le mouvement de recul, de refus, de reniement. Le feu, le coq, l'aube: saint Pierre. De cela je me souviens. A la fin de la nuit, quand le feu brûle encore dans la chambre, et dehors se lève le jour et le coq chante, comme le chant même du feu s'arrachant à la nuit. "Et il pleura amèrement." Feu et larmes, aube et larmes.

Cent fois je l'aurai dit: ce qui me reste est presque rien; mais c'est comme une très petite porte par laquelle il faut passer, au delà de laquelle rien ne prouve que l'espace ne soit pas aussi grand qu'on l'a rêvé. Il s'agit seulement de passer par la porte, et qu'elle ne se referme pas définitivement.

La Semaison (extract)

Vérité, non-vérité
se résorbent en fumée

Monde pas mieux abrité
que la beauté trop aimée,
passer en toi, c'est fêter
de la poussière allumée

Vérité, non-vérité
brillent, cendre parfumée

Airs

Toute fleur n'est que de la nuit
qui feint de s'être rapprochée

Mais là d'où son parfum s'élève
je ne puis espérer entrer
c'est pourquoi tant il me trouble
et me fait si longtemps veiller
devant cette porte fermée

Toute couleur, toute vie
naît d'où le regard s'arrête

Ce monde n'est que la crête
d'un invisible incendie

Airs

FRUITS

Dans les chambres des vergers
ce sont des globes suspendus
que la course du temps colore
des lampes que le temps allume
et dont la lumière est parfum

On respire sous chaque branche
le fouet odorant de la hâte

Ce sont des perles parmi l'herbe
de nacre à mesure plus rose
que les brumes sont moins lointaines

des pendeloques plus pesantes
que moins de linge elles ornent

Comme ils dorment longtemps
sous les mille paupières vertes!

Et comme la chaleur

par la hâte avivée
leur fait le regard avide!

Airs

Sérénité

L'ombre qui est dans la lumière
pareille à une fumée bleue

Airs

LE PRÉ DE MAI

Longer le pré aujourd'hui m'encourage, m'égaie. C'est plein de coquelicots parmi les herbes folles.

Rouge, rouge! Ce n'est pas du feu, encore moins du sang. C'est bien trop gai, trop léger pour cela.

Ne dirait-on pas autant de petits drapeaux à peine attachés à leur hampe, de cocardes que peu de vent suffirait à faire envoler? ou de bouts de papier de soie jetés au vent pour vous convier à une fête, à la fête de mai?

Fête de l'herbe, fête des prés.

Mille rouges, dix mille, et du plus vif, tant ils sont brefs! Gaspillés pour la gloire de mai.

Toutes ces robes transparentes ou presque, mal agrafées, vite, vite! dimanche est court...

Le pré revient. Il est tout autre encore que cela, bien plus candide, bien plus simple. Toutes ces "trouvailles" le trahissent, le dénaturent. Il est aussi bien plus étrange. Plus vénérable même peut-être, malgré tout?

Il est la chose simple, et pauvre, et commune; apparemment jetée tout au fond, par terre, répandue, prodiguée. La chose naïve, insignifiante, bonne à être fauchée ou même foulée. Et néanmoins grave, si l'on y songe mieux, grave à force d'être pure, innocente, à force d'être simple. Grave, et grande. Autant que pierres et rivières, autant que toute chose du monde.

A ras de terre, ces mille choses fragiles, légères, ce vert jaunissant déjà, ce rouge éclatant et pur; et pourtant, entre terre et ciel (quand le chemin passe en contrebas, je m'en assure). Donc elles montent aussi, ces herbes folles, ces fleurs vives et brèves; même ces modestes sœurs du sol montrent le haut; et ces pétales de papier, s'ils tiennent à peine à la tige, c'est qu'ils se confient, c'est qu'ils se livrent à l'air... Lui ressembleraient-ils? Et s'ils étaient des morceaux d'air tissé de rouge, révélé par une goutte de substance rouge, de l'air en fête?

Choses innocentes, inoffensives. Enracinées sans doute par en bas, mais un peu plus haut presque libres, détachées. Exposées, offertes. Comme un dimanche de cloches gaies dans la semaine des champs, comme quand les filles vont danser en bandes l'après-midi au village le plus proche.

Ces choses, herbes et fleurs, ces coloris, cette foule, entr'aperçus par hasard, en passant, au milieu d'un plus vaste et vague ensemble,

herbes et coquelicots croisant mes pas, ma vie,

pré de mai dans mes yeux, fleurs dans un regard, rencontrant une pensée,

éclats rouges, ou jaunes, ou bleus, se mêlant à des rêveries,

herbes, coquelicots, terre, bleuets, et ces pas entre des milliers de pas, ce jour entre des milliers de jours.

Paysages avec figures absentes (extract)

JEAN PIERRE FAYE

MIROIR FLEUVE RENVERSÉ

Je voudrais te connaître jusqu'à l'enfance
Comme en remontant un fleuve tranquille
Jusqu'au village ancien mûri au creux de l'eau
Tailladé de contre-jour
Par delà l'arche blanche et le gué à fleur de glace
— Remontée jusqu'à l'hiver
Et la chambre à l'odeur de bois qui rit toute seule
Parmi les jouets d'autrefois gauches ensommeillés
Devant l'armoire entr'ouverte la glace ironique et vide
Le rire au goût de robe
Et l'avalanche dans la grange au fil du foin
Je descends le fleuve qui monte
Je le descends vers sa naissance dans ses plis miroitants et lourds
Au long des méandres pesants portant un poids profond et cher
Tu seras là
Femme prise à la source

Fleuve renversé (extract)

Où monte la crête de montagne
au-dessus des pentes, par
delà l'intervalle

JEAN PIERRE FAYE

la cassure pleine de son
drainant les échos
vers le soir de fumier et d'insectes et l'odeur de minerai
l'arête de parpaing effritée ou la longue mâchoire de poils
la chaleur lente d'animal le rouge rouillé de la plante
à ce point de soir et de terre, où
convergent les aines et les jambes

où se mêlent sens et son
le goût de fadeur et de fibre
les tiges à hauteur de ventre
le plomb du jour le ton de l'écoute
le gris des mains la mollesse des veines
le sang tombé dans le fond du poignet
la peau fermée et l'impasse des mains
la voix réunie la fonction de fer
le battement de l'artère saignée
le chaud d'aisselle le sel de l'étain
le métal vénéneux à ciel ouvert
la jambe ouverte l'eau de la langue

où ceci est noué et séparé
attaché et tiré

Couleurs pliées

Les branches plient
du rouge sur le vert
tracent et signent
les écarts ou les coudes

dans le bois, ce qui
les embranche et les tord
retient la lumière, laisse
juste le rouge doré
sous le soleil, frotté
aux écailles, faisant
claquer les éclats d'écorce

Mais le détour mène
dans l'intérieur et fait voir
le dais lancéolé, et le réseau
écrit à l'envers, noir
sur jour, et poussé
par ce qui n'est pas vu
travaillé et croisé, les branches
tirées dehors, vers où il fait clair
noircies, charbonneuses
par ici, ou griffues
Dehors, l'odeur pleine
d'eau pourrie se défait
et s'oublie déjà
l'écriture, elle
se recourbe et porte le vert
et le laisse bouger, sans
trembler

Les plans
se déplacent, l'un sous l'autre, et se tournent

Couleurs pliées

Les pierres habitées sont coupées au-dessus de l'eau
avec le linge mouillé, les moulages des corps vivants
et la surface tourne autour dans le port
scintille de partout sous les fenêtres
— sur la pente parsemée
les maisons tachent la couleur
mais la couleur est reçue par les fenêtres
et vient habiter les chambres tout autour
couvée là autour dans la chaleur
reçue contre le drap du lit et sur la table
et lissée avec la nuit qui vient
sous la poudre du contre-jour, le roulement de son
et c'est maintenant que la couleur est retenue
au moment de toucher un bras
contre la table, et de rouvrir la fenêtre
sur le fond de la chaleur, et de plier le drap
de s'accouder à peine pour entendre
au-dessus de l'enfant au bras de plâtre
qui pêche avec un bâton, dans le poudroiement
adossé à l'air

Ils touchent de loin la couleur
ils en parlent ensemble

Couleurs pliées

Cris ou paroles sont interrompus
les voix d'enfants et de femmes
et le dessin inlassable
qui accroche et contourne
les formes, coupe l'arbre dans l'air

et presse le vert et le jaune, sépare et mêle
la couleur, et plante
tout un peuple pour nourrir le paysage
mâcher tout autour les feuilles, respirer
le fumier et l'herbe coupée ou le goût
de caillou dans le vin
se tenir mélangé
mâchant et taillant, et démêlant les lignes

Couleurs pliées

I

Le carré se change en pointe
au plafond, et s'étire
ouvert, et s'écarte
à l'envers du toit
tout autour monte
la surface pleine de fruits
le bruit de feuille rèche, ou
de papier où cassent les parfums
le carré
tourne encore
sa pointe

Le Change (extract)

13

tandis que tout, dans le verre, se déforme
et se tranche la couleur et que, du haut
des quatre verres je vois ville bleue et eau

collines et couleurs, et partout lignes
croisées ou mêlées s'activant et tirant
sur les masses, les matières juteuses, et
la grosseur de la langue ou dessous
ce qui est tiré là-dessous, la grosseur
de l'eau et qui est arquée par dessous
avec la langue tout enfouie: mais la coupe
de la couleur par dessus est dessinée, et en plus
la cassure du verre est figurée, et la figure
au propre est dessinée: le trait
dessiné sur le trait: le vent
mis par dessus le vent: ligne et tige
bougeant sur la tige: la ligne
et tirant la ligne sur le fond
avec le son: tirant sur la grosseur
et la masse de langue, par le son
ou, par le son: tirant la ligne sur le propre
trait qui est ici: tirant, sur la tige, le trait
qui est ici, avec le son effacé
effacé, le son dessine partout tiges et traits
partout redonne ce qui est
en l'effaçant: posant le son ligne sur la ligne
vent sur le vent: l'effaçant
pour le rapporter, portant
ailleurs lumière, ligne, vent qui sont ici
et aussi: feuilles, couleur, noir, masse noire

Le Change (extract)

JEAN PIERRE FAYE

2.22 3.1

par là, par là justement le raccourci vers
le surnombre: par où ça se hâte
sur la surface sans marque ni latitude
en avançant sans bouger au-devant de la ligne
et faute d'empreinte et pourtant l'on n'
arrête pas d'ajouter le noir au noir sur le
blanc et de joindre l'eau à l'eau et le suc
aux salives et la pulpe écrasée aux
joints de la langue: en joignant par
surcroît le point de repaire et sur
le linge non taché au nœud de fil le point
de marque où toile et membrure s'attachent
et lient ou lieront couple contre
varangue ou base courbe ou bien tout aussi
bien chevêtre ou châssis et fer, ou forme sur
l'eau qui répare: forme flottante et
dure en cale sèche, où se renversent
quilles et allonges ou genoux et toute pièce
qui prend part et goût, et longuement langue
dans le bois, et le matériau de l'air, ou bien
la rosace de toute sorte de rire
griffant: agrafée à toute sorte de mort

Le Change (extract)

LOUISE HERLIN

Nacre et perle, immobile
l'aube trouant sa pellicule
ouvre une voie circonspecte
au mouvement des profondeurs.

L'eau porte en elle ses clôtures
le rouleau des routes marines
le poing fermé de ses sommeils.

Là-bas s'amorce un va-et-vient
de vague, seul dans l'étendue
un pas de danse qui s'essaye
gagne, s'allonge, diminue.

A l'émergence de la terre
les mêmes masses se délient,
en volutes parcimonieuses
l'immensité marque le pas.

Le Versant contraire

Ce piaffement sourd de chevaux
dans l'eau stagnante à peine
qui frémit aux effleurements de libellules
ou se referme sur un bond de carpe.

LOUISE HERLIN

Le temps a liquéfié jusqu'aux rochers,
les bronzes mêmes qui se dressaient
aux plus hauts lieux de la mémoire.

Mais sous la flore moisissante
des vagues croissent, font muraille,
îles et volcans se sont formés
sous le silence des surfaces.

Un mouvement ascensionnel vide
le ciel de sa substance et renouvelle ses nuages;
de grandes routes intempestives
se chevauchent dans l'espace.

Seuls demeurent dépouillés les contours des gestations;
sobres structures ensorcelées, seul
le visage révolu de bouillonnantes alchimies.

Dans ce dédale de sillons, jalonné de bornes milliaires,
il y a péril, à se mouvoir, de perturber
la trajectoire que poursuivent les migrateurs
et toute cohésion cessante,
que les prisons du jour explosent
lâchant leurs meutes démuselées.

Le Versant contraire

Tant de branches latérales
ne font pas un seul arbre du bois.

Plus haut les cimes cherchent l'appui
qui se dérobe aux jeux de pales
ici dont bruissent les prairies.

Chacun sous terre s'identifie
par l'amas noueux des racines,
les sèves vont leur cycle clos
suintant parfois des cicatrices.

Les plus jeunes qui prennent pied
déjà s'enferment dans l'écorce
et les feuillages les aveuglent
qui épaississent la forêt:

c'est à distance qu'elle est une
grande vague chevelue,
noire à l'approche des orages,
sombre à la limite du pré.

Le Versant contraire

Blanche, déroule sa spirale
la route vide qui charpente
et sape tour à tour l'attente.

Tantôt bordée de forêts,
sûre de l'enjeu, elle serpente
changeant les hêtres en platanes,
les peupliers en sapins,

tantôt parmi la campagne
elle élargit ses desseins
comparant l'or des avoines
et le genêt des ravins,

tantôt pure obstination,
passé l'essaim des villages,
passé bosquets et prairies,
champs, taillis et garrigues,
désertique et cahotante,
elle se mesure au ciel nu
aveugle et persévérante.

Le Versant contraire

Voracité du geste quotidien: l'heure entière engloutie.
La montagne triomphe, toutes cimes franchies, qui demeure
  à gravir,
abrupte et identique.

Duplicité de l'air, ses gouffres extensibles,
aujourd'hui saturés d'oiseaux, surhabités:
courbes, les hommes aux champs labourent des précipices.

Le Versant contraire

Passe le train des planètes
— la striure des nuages,
au front blanc de l'espace
rien n'est indélébile.

La chevauchée discrète
tourne au bord de l'écran.

Eaux passives du monde
qu'animent en sens contraires
tant de rouages sourds
— et leurs berges instables.

La cible et son viseur
l'image et l'homme ensemble
suivent le fleuve qui cerne
l'horizon circulaire.

Le Versant contraire

La familiarité de chatte lovée
au creux de la maison
perpétue les formes
quand a cessé toute raison de croire

Que durent le geste et la mesure
du pas et l'inventaire
se répète pour clore l'ère
de doute que chaque jour instaure

L'aveugle multiple main longe
le contour des meubles
et recommence le périple
jusqu'au dédouanement du soir

Témoin fugace dans l'instant
fondé d'oubli — comme un frisson
déserte corps et choses

Et de nouveau s'efface
la domesticité du lieu

Commune mesure

LOUISE HERLIN

LE SOMMEIL

Vienne le ténébreux passeur et clandestin
semeur d'embûches, subtil artisan de la trêve,
— au juste réservant la hotte profonde du rêve,
sa provende
— poser les trappes, saper l'échelon,
consommer la rupture entre hier et demain
(pour que reprenne de plus belle
ce travail de bûcheron: tuer le temps tout le temps)

Vienne ponctuelle et sûre guillotine
moduler en journées d'inégale ampleur
l'interminable longueur

Toujours prompt et salutaire interlude
(qu'il atténue haine ou passion,
comble les fosses fraîches ou lève
provisoirement les peines)

Vienne du ciel mûr s'abattre, grain salubre
étouffer le tumulte ici-bas qui sévit
parmi les idées que la veille élucubre
assagir l'impatience des espoirs dépris

Bénéfique sorcier, facteur de philtres
— ou dieu passant les arbres au noir
avant de franchir les seuils qui s'infiltre
sous les paupières — grand éteignoir
d'échos et de remords, larguant
larguant matelot le passé à longues cordées

A la débâcle ourdie par l'usure
quotidienne il soustrait nourricier l'avenir
sauve et brise les liens
tout ensemble accélérant la ruine
commencée tandis qu'en sous-œuvre
le lendemain s'achemine

Insoucieuse mesure de battre à contretemps
il ménage et diffère, use du couvre-feu
geôlier fautif: les nuits sans lune élargit
les antécédents captifs

Il emploie le sable et l'ombre
à mettre un frein au désir trop vif
d'enfreindre, à museler la pointe écervelée
de l'esprit,
                par avance il ôte

à l'acte un peu de ses conséquences
secourable toujours intercesseur
de brume, au rythme sidéral accordé

Commune mesure

JACQUES DUPIN

LE CHEMIN FRUGAL

C'est le calme, le chemin frugal,
Le malheur qui n'a plus de nom.
C'est ma soif échancrée:
La sorcellerie, l'ingénuité.

Chassez-moi, suivez-moi,
Mais innombrable et ressemblant,
Tel que je serai.
Déjà les étoiles,
Déjà les cailloux, le torrent...

Chaque pas visible
Est un monde perdu,
Un arbre brûlé.
Chaque pas aveugle
Reconstruit la ville,
A travers nos larmes,
Dans l'air déchiré.

Si l'absence des dieux, leur fumée,
Ce fragment de quartz la contient toute,
Tu dois t'évader,
Mais dans le nombre et la ressemblance,
Blanche écriture tendue
Au-dessus d'un abîme approximatif.

Si la balle d'un mot te touche
Au moment voulu,
Toi, tu prends corps,
Surcroît des orages,
A la place où j'ai disparu.

Et l'indicible instrumental
Monte comme un feu fragile
D'un double corps anéanti
Par la nuit légère
Ou cet autre amour.

C'est le calme, le chemin frugal,
Le malheur qui n'a plus de nom.
C'est ma soif échancrée:
La sorcellerie, l'ingénuité.

Gravir

L'ÉGYPTIENNE

Où tu sombres, la profondeur n'est plus.
Il a suffi que j'emporte ton souffle dans un roseau
Pour qu'une graine au désert éclatât sous mon talon.

Tout est venu d'un coup dont il ne reste rien.
Rien que la marque sur ma porte
Des mains brûlées de l'embaumeur.

Gravir

Longtemps l'angoisse et ses travaux de vannerie,

Soudain cette ombre qui danse au sommet du feu
Comme une flamme plus obscure.

Longtemps les affres et le ploiement
D'un verger soupçonné au défaut de nos fers,

Soudain le furieux sanglot, le dernier rempart,

Et la maison ouverte, inaccessible,
Que le feu construit et maintient.

Gravir

Nulle écorce pour fixer le tremblement
de la lumière
dont la nudité nous blesse, nous affame, imminente
et toujours différée, selon la ligne
presque droite d'un labour,
l'humide éclat de la terre ouverte…

étouffant dans ses serres l'angoisse du survol
le vieux busard le renégat

incrimine la transparence
vire
et s'écrase à tes pieds

et la svelte fumée d'un feu de pêcheurs
brise un horizon absolu

L'Embrasure

Les fleurs lorsqu'elles ne sont plus
leur fraîcheur gravit
d'autres montagnes d'air

et la volupté de respirer s'affine
entre les doigts qui tardent à se fermer

sur un outil impondérable

Là-bas c'est lui qui disparaît
sillon rapide, à l'aube, avant leur blessure
pour qu'elles s'ajoutent à d'autres liens,
fleurs, jusqu'à l'obscurité

lui, venu du froid et tourné vers le froid
comme toutes les routes qui surgissent...

L'Embrasure

Tu ne m'échapperas pas, dit le livre. Tu m'ouvres et me refermes, et tu te crois dehors, mais tu es incapable de sortir car il n'y a pas de dedans. Tu es d'autant moins libre de t'échapper que le piège est ouvert. Est l'ouverture même. Ce piège, ou cet autre, ou le suivant. Ou cette absence de piège, qui fonctionne plus insidieusement encore, à ton chevet, pour t'empêcher de fuir.

Absorbé par ta lecture, traversé par la foudre blanche qui descend d'un nuage de signes comme pour en sanctionner le manque de réalité, tu es condamné à errer entre les lignes, à ne respirer que ta propre odeur, labyrinthique. La tempête à son paroxysme, seule, met à nu le rocher, que ta peur on ton avidité convoitent, sa brisante simplicité, comme un écueil aperçu trop tard. N'est vivant ici, capable de sang, que ce qui nous égare et nous lie, cette distance froide, neutre, écartelante, jamais mortelle, même si tu m'accordes parfois d'y voir crouler la lumière, et s'efforcer le vent.

L'Embrasure

J'observe jusque dans mon corps les attaques et les accalmies d'un mal innommable, et les mouvements de ce qui, en moi, le refuse, le repousse, pactise, s'insurge à nouveau. Assauts minuscules, persévérants, détachés comme des grains de la catastrophe absolue. Le grignotement de la falaise par la vague successive laisse ordinairement subsister la falaise. Qu'en sait-on? Il est des luttes qui fortifient, celles qui supposent la réciprocité des coups, une mesure soutenable de part et d'autre, une entente implicite même dans la destruction pour qu'un doute persiste, qu'une dernière chance reste offerte au vaincu, que le fond d'un retournement inespéré soit maintenu, c'est-à-dire que le combat sécrète jusqu'au bout son espace. Mais il est un mal insidieux, une puissance d'annulation, qui abolit tout espace et toute semence d'espace.

Une vague de béton qui colmate la dernière faille du cœur rocheux. La disparition de l'homme divisé, l'homme que je suis depuis la préhistoire, ouvrirait un nouvel âge de l'espèce dont la perspective glace le sang. Je me sens devenir par instants cet homme hermétique et comblé dont les paupières battent et cessent de battre comme des volets de fer sur une eau morte sans reflets.

L'Embrasure

Commencer comme on déchire un drap, le drap dans les plis duquel on se regardait dormir. L'acte d'écrire comme rupture, et engagement cruel de l'esprit, et du corps, dans une succession nécessaire de ruptures, de dérives, d'embrasements. Jeter sa mise entière sur le tapis, toutes ses armes et son souffle, et considérer ce don de soi comme un déplacement imperceptible et presque indifférent de l'équilibre universel. Rompre et ressaisir, et ainsi renouer. Dans la forêt nous sommes plus près du bûcheron que du promeneur solitaire. Pas de contemplation innocente. Plus de hautes futaies traversées de rayons et de chants d'oiseaux, mais des stères de bois en puissance. Tout nous est donné, mais pour être forcé, pour être entamé, en quelque façon, pour être détruit, — et nous détruire.

L'Embrasure

Saluons ce qui nous délivre, le bulldozer jaune flamme, le scarabée géant au thorax secoué de fièvre, les reins en porte-à-faux pour un monstrueux cambrement. Il est venu déraciner le palais et les ruines, renverser les images et la pierre, coucher les colombiers et les dômes, extirper les vieilles passions érectiles des hommes, et leur syntaxe verticale, et la prison en dernier lieu, tout ce qui reste de la ville. Clairière désormais pure de toute ombre malsaine. Table rase. Table dressée pour un festin sans nourritures et sans convives. Je salue sa candeur enragée qui s'apprête à combler notre attente, à signer notre ouvrage.

C'est alors que je te vois grandir, étoile. Que je te vois grandir et briller dans ma main minuscule, pierre taillée contre la famine.

L'Embrasure

Assumer la détresse de cette nuit pour qu'elle chemine vers son terme et son retournement. Littéralement précipiter le monde dans l'abîme où déjà il se trouve. En chacun se poursuit le combat d'un faux jour qui se succède avec la vraie nuit qui se fortifie. De fausse aurore en fausse aurore, et de leur successif démantèlement par la reconnaissance de leur illusoire clarté, s'approfondit la nuit, et s'ouvre la tranchée de notre chemin dans la nuit. Ce nul embrasement du ciel, reconnaissons sa nécessité comme celle de feux de balise pour évaluer le chemin parcouru et mesurer les chances de la traversée. En effet tous les mots nous abusent. Mais il arrive que la chaîne discontinue de ce qu'ils projettent et de ce qu'ils retiennent, laisse surgir le corps ruisselant et le visage éclairé d'une réalité tout autre que celle qu'on avait poursuivie et piégée dans la nuit.

L'Embrasure

soleil soleil so
soleil soleil so
soleil soleil so
ile soleil soleil so
ile soleil soleil so
ile soleil soleil so
ile soleil soleil so

aile soleil soleil soleil
aile aile soleil soleil solei
aile aile aile soleil soleil sole
aile aile aile aile soleil soleil sol
aile aile aile aile soleil soleil sole
aile aile aile soleil soleil solei
aile aile soleil soleil soleil
aile oeil ol l ei
oeil solei sol i olei
oeil soleil soleil soleil
oeil soleil soleil soleil s
oeil ol·il leil sol il so
soleil soleil so
soleil soleil so
soleil soleil so
soleil soleil so
soleil soleil so
soleil soleil so
soleil soleil so
soleil soleil so

soleil oeil
soleil oeil
soleil oeil ile
soleil oeil ile
soleil oeil ile
soleil oeil ile
soleil oeil ile ai
aile
l soleil soleil soleil aile eil
il soleil soleil soleil aile sol
eil soleil soleil aile eil
leil soleil soleil sol
eil soleil soleil sol eil
il soleil soleil so sol
l soleil soleil sol eil
l leil ei o sol-
leil s eil l aile eil
soleil soleil sol aile sol
soleil soleil soleil aile eil
ol il il ils olei eil ei aile s
soleil oeil ile ail
soleil oeil ile
soleil oeil ile
soleil oeil ile
soleil oeil ile
soleil oeil ile
soleil oeil
soleil oeil

Soleil mystique

Finis ces temps où la poésie n'avait rien à faire
Que jeux de mots. Flamme et flûte. Où elle n'était
Que fumet pour le nez de Panurge. Symbolisme malade.
Qu'on jette à la mer toute la poésie depuis Rimbaud,

Les filets seront lourds de beaucoup de morts.
Voici le temps où la prose simple solide pensée
Pèsera seule dans le vers. Je vous interdis
D'écrire des poèmes si vous n'avez lu *La Princesse de Clèves.*

Ne parlez plus de vagues qui détruisent la côte
Dialectique des périphéries. Il faut élever l'éternel.
Construire avec des mots une église de pierre.

Synthèse. Et parfois prolonger les hautes perspectives.
Que le poème soit l'océan inutile
D'où naissent les soleils, les cascades, l'histoire.

Seconde géographie

PRINTEMPS

CHANT CHANT

OISEAU

CHANT CHANT

Poèmes à voir

PIERRE GARNIER

L'ÉTÉ

L'été on maigrit sur les plages
les filles bronzent
fils dégénérés d'anciens pirates
on a besoin de voir la mer
les graisses coulent
la mer les éponge

des flammes fines montent et se
déplacent

l'été on se sent dégagé
des habits, de la discussion, de la politique

le soleil n'éclaire que des gens
habiles

les accouplements sont finis
les femelles ont mis bas
les corps des bêtes sont beaux
elles marchent dans la forêt
libres comme des baigneuses

les hommes voient les femmes
sans envie
les femmes voient les hommes
avec respect

les choses se connaissent à peine
chacune mûrit pour soi

on ne se touche pas
on ne se heurte pas
on est libre

voici le soleil
la lumière
la terre

l'homme et la femme vont côte à côte
comme deux bateaux sur l'eau

on est maigre
on est lisse
on est beau
on est sans racine
on est lisse
on est comme une graine.

Poèmes à dire

Est-ce toi
par-delà la montagne

qui viens de tirer ce fil
qui tient mon bras

comme la lune tire la mer?

Ce geste fait trembler mon corps

si bien que la ville n'est plus qu'un théâtre
de marionnettes.

Perpetuum mobile

Le poème?

Est-ce moi, ombre chinoise,
qui fais ces gestes minuscules derrière l'écran?

Perpetuum mobile

SAINT MARTIN

Il coupa le monde en deux
donna une moitié aux pauvres.

De l'autre moitié jamais plus on ne parla.

Perpetuum mobile

JEANNE D'ARC EN PICARDIE

Ici
elle traversa son miroir
et retourna à la lumière.

Perpetuum mobile

PIERRE GARNIER

JEANNE D'ARC AU BÛCHER

le feu
rejoint
le feu

la lumière
la lumière

la nuit
la nuit

Perpetuum mobile

Tu bouges lentement
main après patte, cœur après aile,
tu avances sous la pellicule d'air
araignée
comme une plante qui plie ses branches,
écarte ses feuilles.

Serais-tu l'univers?

Perpetuum mobile

PIERRE GARNIER

BATEAU

Il est posé à même sa peau.
Une aile peut-être va sortir?
Il n'avance qu'en se fendant.
Avance-t-il?
Pas plus que la mouette.

Il soulève des calcaires.

Avec l'eau il forme une orange
transparente dans le milieu.

Perpetuum mobile

JOYCE MANSOUR

Les machinations aveugles de tes mains
Sur mes seins frissonnants
Les mouvements lents de ta langue paralysée
Dans mes oreilles pathétiques
Toute ma beauté noyée dans tes yeux sans prunelles
La mort dans ton ventre qui mange ma cervelle
Tout ceci fait de moi une étrange demoiselle

Cris

Homme malade de mille hoquets
Homme secoué par des idées dictées
Dictées par son ombre qui le suit sans arrêt
Prête à le manger dans un moment sans soleil
Prête à devenir maîtresse de sa chair
Prête à le traîner à travers l'espace.
Un homme sans racine astre devenu.

Cris

Danse avec moi petit violoncelle
Sur l'herbe mauve magique
Des nuits de pleine lune
Danse avec moi petite note de musique
Parmi les œufs durs les violons les clystères

Chante avec moi petite sorcière
Car les pierres tournent en rond
Autour des soupières
Où se noie la musique
Des réverbères

Déchirures

LA CUIRASSE

Quand la guerre pleuvra sur la houle et sur les plages
J'irai à sa rencontre armée de mon visage
Coiffée d'un lourd sanglot
Je m'étendrai à plat ventre
Sur l'aile d'un bombardier
Et j'attendrai
Quand le ciment brûlera sur les trottoirs
Je suivrai l'itinéraire des bombes parmi les grimaces de la foule
Je me collerai aux décombres
Comme une touffe de poils sur un nu
Mon œil escortera les contours allongés de la désolation
Des morts brasillants de soleil et de sang
Se tairont à mes côtés
Des infirmières gantées de peau
Pataugeront dans le doux liquide de la vie humaine
Et les moribonds flamberont
Comme des châteaux de paille
Les colonnades s'enliseront
Les astres bêleront

Même les pantalons de flanelle s'engloutiront
Dans l'espace géant de la peur
Et je ricanerai dents découvertes violette d'extase dithyrambique
Hystérique généreuse
Quand la guerre pleuvra sur la houle et sur les plages
J'irai à sa rencontre armée de mon visage
Coiffée d'un lourd sanglot

Rapaces

Noyée au fond d'un rêve ennuyeux
J'effeuillais l'homme
L'homme cet artichaut drapé d'huile noire
Que je lèche et poignarde avec ma langue bien polie
L'homme que je tue l'homme que je nie
Cet inconnu qui est mon frère
Et qui m'offre l'autre joue
Quand je crève son œil d'agneau larmoyant
Cet homme qui pour la communauté est mort assassiné
Hier avant-hier et avant ça et encore
Dans ses pauvres pantalons pendants de surhomme

Rapaces

Vous ne connaissez pas mon visage de nuit
Mes yeux tels des chevaux fous d'espace
Ma bouche bariolée de sang inconnu
Ma peau
Mes doigts poteaux indicateurs perlés de plaisir

Guideront vos cils vers mes oreilles mes omoplates
Vers la campagne ouverte de ma chair
Les gradins de mes côtes se resserrent à l'idée
Que votre voix pourrait remplir ma gorge
Que vos yeux pourraient sourire
Vous ne connaissez pas la pâleur de mes épaules
La nuit
Quand les flammes hallucinantes des cauchemars réclament
le silence
Et que les murs mous de la réalité s'étreignent
Vous ne savez pas que les parfums de mes journées meurent
sur ma langue
Quand viennent les malins aux couteaux flottants
Que seul reste mon amour hautain
Quand je m'enfonce dans la boue de la nuit

Rapaces

IL FAUT FAIRE CORPS AVEC LA LAME

Chaude nuit des remparts
Murs d'Hérakleia
L'ingrate enjolivure du serpent sur le dos lisse
De l'amphore
Coquille de femme abandonnée sur la plage
Chaude elle aussi et de manière monotone
Je me souviens de cette forme au bout de l'allée
Armée de désir et pas vivante encore

Quelle huile vin profond ou essence sacrilège
Emplissait ce ventre naguère
De son odorante pesanteur
Un flot de sang creuse mon lit
Vide vide vide
Comme la mort

Carré blanc

Rien ne me restera de mon corps
La coupole de fumée s'élèvera à l'horizon
Triste d'être parjure en singeant le soleil,
J'aurai froid
Je n'oserai appeler la sentinelle au petit jour
Ni frapper réellement sur le tambour du confesseur

L'échelle de soie se transforme en rétif balai
Je sais que je suis perdue
Pourtant je dédaigne les sacrifices sanglants
Je piétine dans la saumure
Ornée de toutes mes larmes
Et les dents étoilées de la triomphante Isis
Claironnent dans l'ordre dorique
Des douze colonnes
De ma toute dernière nuit

L'angoisse hennit dans mes filets
Et un amour nouveau visse son visage sur le mien
L'heure n'est plus aux dolents
A leurs pommeaux de cristal

Las est mon sein
Sans remords mon alézan
Qui vole vers la haute roche
De la paralysie
Complète
Sur ses fins
Sabots
D'or

Les fiers grains de mon collier
Loin de mon cou
S'éparpillent
Le lien est brisé entre le cœur et l'éclair
Demain est une grande plaque de sang

Les Damnations (extract)

JACQUES RÉDA

LA RENCONTRE DU TEMPS

Le temps vint à pas de soleil sous les arbres, comme un nuage

A peine: un souffle dans le cou des enfants qui jouaient. Quel
 âge

Avions-nous donc? Je ne sais plus. Nous nous sommes levés

Pour le suivre: il ouvrait la transparence de l'espace

Où j'ai vu couler la rivière.

(Published in *Haut Pays*, No. 3, Autumn 1968)

FLAQUES

A peine un millimètre d'eau sous les arbres saisit
Le ciel convulsif qui s'apaise et qui s'approfondit
Pour que naissent entre nos pas l'hiver et ses nuages.
Et comme un inconnu surgi d'en haut notre visage
Apparaît un instant et sans rien dire nous sourit.

Oh répondez, ciel d'abîme innocent, bouche sagace,
Ouvrez-vous sans mesure avant
Qu'un peu de vent trouble à jamais l'espace dans l'eau mince.

Amen

AUTOMNE

Ah je le reconnais, c'est déjà le souffle d'automne
Errant, qui du fond des forêts propage son tonnerre
En silence et désempare les vergers trop lourds;
Ce vent grave qui nous ressemble et parle notre langue
Où chante à mi-voix un désastre.
                                                            Offrons-lui le déclin
Des roses, le charroi d'odeurs qui verse lentement
Dans la vallée, et la strophe d'oiseaux qu'il dénoue
Au creux de la chaleur où nous avons dormi.
                                                                                Ce soir,
Longtemps fermé dans son éclat, le ciel grandi se détache,
Entraînant l'horizon de sa voile qui penche; et le bleu
Qui fut notre seuil coutumier s'éloigne à longues enjambées
Par les replis du val ouvert à la lecture de la pluie.

Amen

DANS LA MAISON

De quoi pouvons-nous avoir peur ici, puisque c'est la maison?
Dehors nous entendons le ciel comme le souffle d'une bête
Chercher cet autre ciel en nous qui s'écarte sans fond.
L'inconnu marche, on voit ses pas marqués dans les touffes
d'étoiles,
Et même dans l'après-midi, aveugle à la fenêtre
Le bleu dresse son front.
Les voix qui gouvernent alors ne nous consolent plus. Il
reste
A détourner contre ce mur une tête pleine de larmes.
Quand notre misère interroge, une détresse lui répond
Ainsi, comme à la porte basse où heurte la prière.
Et qu'espérer de plus, nous qui sommes toujours au centre,
avec
Nos bras posés sur le cercle de l'horizon, dans la demeure
Où tout nous est donné, même l'horreur qui s'ouvre au fond
Comme l'acquiescement sauvage des chevaux sous les col-
lines?
Ici c'est la maison.

Amen

L'INTERVALLE

Comme la main ouverte avec toutes ses lignes,
Et ce renflement faible à la base du pouce: telle est la Terre
Où nous, voyageurs expulsés des triages d'étoiles,

Invités à franchir la haute verrière de la mort,
Nous trouvons un moment de repos, de quoi boire et bâtir
Sous le ciel arrondi comme un sein qui nous allaite —
O bleu spirituel ébloui d'oiseaux, recueilli par les flaques, par
nos fenêtres
Et par les yeux des animaux que nous mangeons.
Le temps même nous est donné de nous connaître un peu
Dans la claire épaisseur du buisson de parole ou, sans un mot,
Par le tranchant du couteau sur la gorge, et le commerce
Illicite du sang sous le drap pur et béni des noces.
Car au flanc de l'épouse aussi voyageuse, la nuit
Qui nous crache s'est faite infiniment désirable,
Et la pulsation du vide entre les mondes se prononce
Avec la douce lèvre humide et le cri qu'elle étouffe.
Et sans cesse aux deux bords du séjour battent ces portes,
mais
Le ciel demeure clos sur nous comme une mère,
Et l'intervalle de lumière où nos os blanchiront
Dessine avec notre ombre sur le sol qui nous élève
Sa tremblante et secrète miséricorde.

Amen

AMEN

Nul seigneur je ne nomme, et nulle clarté je ne vois dans la
nuit.
La mort qu'il me faudra contre moi, dans ma chair, prendre
comme une femme,

Est la pierre d'humilité que je dois toucher en esprit,
Le degré le plus bas, la séparation intolérable
D'avec ce que je saisirai, terre ou main, dans l'abandon sans exemple de ce passage —
Et ce total renversement du ciel qu'on n'imagine pas.
Mais qu'il soit dit ici que j'accepte et ne demande rien
Pour prix d'une soumission qui porte en soi la récompense.
Et laquelle, et pourquoi, je ne sais point:
Où je m'agenouille il n'est foi ni orgueil, ni espérance,
Mais comme à travers l'œil qu'ouvre la lune sous la nuit,
Retour au paysage impalpable des origines,
Cendre embrassant la cendre et vent calme qui la bénit.

Amen

LE CORRESPONDANT

Il arrive la nuit que je ne dorme pas durant des heures.
Autrefois je me retournais comme une folle dans mon lit.
Et puis je me suis mise à inventer des lettres
Pour des gens lointains et gentils, moi qui ne connais personne.
Maintenant je vois dans le noir, comme aux cinémas de campagne,
Des signes sur l'écran parmi des poussières d'étoiles:
C'est moi qui parle, ainsi qu'un champ de marguerites fleurit.
Si je voulais, je crois que je pourrais en faire un livre,
Et mes rêves aussi mériteraient d'être décrits.

Je descends de grands escaliers, en longue robe blanche;
Des personnes très bien m'attendent tout en bas des marches:
Ah nous avons reçu votre lettre, ma chère... Il est minuit.
On s'éloigne en dansant sous les arbres qui s'illuminent.
Passent sans aucun bruit de profondes automobiles.
Les boulevards touchent le sable de la mer. Je ris,
Et c'est frais dans mon col de renard couleur de lune.
(Vous êtes là, ramassé sous le mur à l'ombre courte,
Comme au verger d'enfance où je n'ai pas osé pousser un cri.)

Récitatif

L'ŒIL CIRCULAIRE

Cette horreur que mordent les dents entrouvertes des morts,
Eux l'avalent ensuite et demeurent en paix, lavés,
Les mains jointes sur l'estomac, commençant la glissade
Inverse par le démontage actif de la chimie.
Et leurs yeux qu'il faut clore d'autorité, jamais soumis,
Lâchent encore un regard sale et sage qui récuse,
Ayant vu, retourné comme un vêtement la lumière,
Et désormais rivé dans l'œil circulaire qui nous surveille.

Récitatif

Disparu j'ai franchi.
Peu d'espace mais j'ai franchi
l'encerclement du révulsif
désir,

et la solitude à son tour je l'ai
franchie.
Ici
les images qui s'affaiblissent
cherchent l'œil sans foyer qui nous aura filmés dansant
sur la pente éternelle de la prairie avant
de nous projeter vous et moi dans l'épaisseur fictive.
Oh aidez-moi
à finir, aidez-moi,
que j'avance, que l'œil éclate et que je vous délivre
du temps lavé de moi comme une dalle où tremble encore
    votre image;
que le ciel à portée de l'extrême impuissance de mes doigts
envahisse l'écran où vous demeurez prise — et paix,
paix comme avant que l'histoire n'ait commencé;
crevaison, rebut du grand fond d'où sortirent nos souffles,
    nos visages;
descente, déambulation dans la fin qui ne finit plus —
s'il vous plaît aidez-moi.
Attendez l'heure de la nuit
où l'œil juste avant l'aube un instant cligne et se renverse,
quand des pas, des voix, des ombres sans voix, sans pas,
    sans ombre glissent
par l'espace hors de l'espace enclos et déroulé —
alors n'ayez pas peur, écoutez-moi, glissez-vous, faites vite,
    mettez
simplement un peu d'air dans une boîte d'allumettes
et posez-la dans le courant
d'un ruisseau qui n'atteint la mer que noyé dans l'oubli,
dissous dans la force étrangère des fleuves,
et s'il vous plaît dites que c'est mon âme d'image qui vous
    aima

et qui morte s'égare entre les murs, contre l'œil fixe,
toujours plus loin de vous, de moi, de tout pour vous rejoindre.

Récitatif (extract)

TRANSFERT

Maintenant je sors à nouveau d'une maison du temps.
Faire autrement je ne peux pas, non, il faut que je sorte.
A peine avait-il refermé tout doucement la porte
(Il y avait des fleurs, il y avait du feu pourtant)
Je l'ai vu qui me souriait derrière la fenêtre.
J'ai tiré les petits rideaux sensibles — rouge et blanc.
Dehors aussi des fleurs et du feu: neige et ciel. Peut-être
Que nous aurions pu vivre là quelques heures, le temps
Et moi, sans rien dire, pour mieux apprendre à nous connaître.
Mais il n'entre jamais. Il bâtit sans cesse en avant.
Je l'entends de l'autre côté des collines qui frappe,
Qui m'appelle, et je ne dois pas le laisser un instant,
Mais le suivre, le consoler d'étape en étape.
Et tantôt je ne touche rien dans les maisons du temps,
Ou juste un pli qui se reforme au milieu de la nappe,
Tantôt vous comprenez c'est plus fort que moi, je descends
Tout à grands coups de pied dans cette saloperie,
Et si quelqu'un se lève alors des décombres et crie
(Parfois on dirait une femme, et parfois un enfant)
Je m'en vais sans tourner la tête, car on m'attend.

Récitatif

JACQUES RÉDA

ZODIAQUE

à Michel Chaillou

La constellation du Bélier couvre toute la plaine.
Son front plat, ses cornes de roc heurtent la poterne
Et les clous sautent à l'horizon sur les dos ramassés
Des coteaux et des églises qui s'arc-boutent.
Entre le tremblement des pattes,
On voit jusqu'au fond de l'oreille spirale
La giration des astres et des saints décapités.
C'est la roue, c'est la nuit. La fraîcheur
Frise la cîme de laine sur les forêts. Dessous,
Le vent pousse des doigts dans les chemins blancs en étoile,
Effleurant les troncs éblouis, le cœur de la fougère,
La perle en équilibre au bout des museaux qui hésitent.
Alors la maladie au creux de l'étang
Prononce avec douceur de très petites bulles, et
Comme un bâton plongé droit,
Le regard du veilleur se brise en touchant la surface.

(Inédit)

JEAN-PIERRE DUPREY

MONSIEUR H. — Je compte les jours qu'il n'y a jamais eu, les nuits qu'il n'y aura jamais, les clefs qui manquent aux nuits pour ouvrir le jour et tout ce qu'il manque pour faire quelque chose qui ne manque de rien. Mais mon calcul est toujours faux... à cause des zéros qui démolissent tout, vous comprenez!

Oh ces zéros! Des boules plates sans contour dans l'espace, des cercles, sans contour dans l'espace, qui ne s'ouvrent jamais! Alors vous comprenez...

Alors, pour m'en débarrasser, j'ai fait des trous partout. Je creuse les murs, les précipices, les courants d'air ou ma tête. Un trou c'est une très bonne chose, vous comprenez! Cela fait une très bonne longue-vue pour voir tout noir au bout; on s'en sert même comme loupe pour regarder dans les détails l'endroit Rien où habite Personne.

Mais peut-être... peut-être désirez-vous que je vous troue?... Les trous, comprenez bien, enflures du vide, trous troués, trous entiers, trois quarts de tiers de cent unième quartier: sont des serrures aussi, mais les clefs? Un point est à trouver. Un point c'est tout! Et le visage accroche mal — cloche à larmes.

Derrière son double (extract)

Et j'entendis:

..."Il n'y a plus de ciel, plus de soleil, plus de nuit, disait une voix, plus de lumière et les fenêtres ressemblent à des bouches cousues, noires mais sans dents; il n'y a plus d'amis et ceux qui t'aiment penseront que tu les abandonnes; il n'y aura plus de corps à ton âme — celle-ci n'étant que supposée — plus de ciel à boire, plus de sol sous tes pieds et le toit de chez soi s'ouvrira comme une main vide ou un sac sans fermeture qui perd en l'air ses richesses sans existence."

Ensuite la voix devint murmure et ma bouche se fendit en quatre lèvres blanches pour prononcer les paroles:

"Dans la lumière absolue, j'ai reconnu l'obscurité absolue et le silence le plus profond était celui du cœur qui pleure avec le bruit d'une douche chaude arrosant la mer. J'ai cherché un vase où l'enfermer, ce cœur, et le vase fut une flamme creuse...

"L'eau-du-vent deviendra blanche comme le papillottement des yeux visités d'un sommeil de neige...

"La Fleur Pourpre meublera elle-même son feu.

"Les larmes dégèleront le visage de cristal...

"Alors, devant cela, je fermerai ma bouche avec un mouchoir de poche!"

Et c'est dans un même ordre que les choses se passèrent, après qu'on eut noyé la mer et enterré la terre et, le feu étant brûlé, l'air disparut dans la fumée du nouveau feu ré-engendré de tout cela.

...Alors le jour entra en terre comme dans une gare; les gares-du-Jour et les gares-de-la-Nuit se confondirent dans les débris sonores d'un train en marche et la marche des trains imita dans ses roues l'accent incohérent d'une phrase répétée cent fois par les secousses du vent et mise en lumière dans les lingeries d'un feu, phrase dont nous ne retînmes qu'un mot (reconnu le plus solide): ÉTERNITÉ.

Derrière son double (extract)

Il arrive que la veilleuse des morts se fasse ténèbre pour mieux se faire épouser par les formes de la nuit.

La forme de deux corps fondus ensemble est éternellement blanche.

L'œil qui la voit ainsi est une éclipse du corps de cristal sacré où s'infiltrent les veines incolores de la Morcolore — la Faiseuse d'ombre dans l'ombre.

L'horizon, à fond de ciel, est le fond du gouffre.

— "Echéma, succubes ou incubes, morts ou mortes, nous sommes la même bouche...

— Le nid de nos formes est une forme éternelle.

— Echec et morte — le teint de celle-ci est mat quoique bleui dans le blanc...

— La Mort est un signe double."

Un personnage d'air et de sang en devient deux car il est double et quatre en redoublant.

La chambre de la tour de la Mortodore aura quatre angles où dresser quatre bustes.

L'eau dans l'air est une flaque d'étoiles respirées.

Maintenant la nuit est une porte claire.

Derrière son double (extract)

CHANSON À RECULONS

Un, deux, droit sur l'épaule de son sort,
S'en remettant,
Un petit peu, en petite peau, à petits pas,

Le camarade Ballant
Disait: Je ne m'encombre pas
De ma mort couchée en roue
Dans les anneaux de mon être rond.
Mon affaire est sans prospérité
A la lumière de ce qui est.

Mon affaire a sa personnalité
Dans les anneaux de mon être-roue
Et ma personne se couche en rond,
Dans son encombrement personnifié.

Voyez, voyez, et maintenant recommençons,
Le décor a toujours raison.

Voici celui, sans tête, sans pied,
Qui n'en peut plus, qui ne peut rien
Et qui n'y peut plus rien,
N'ayant pour se déplacer
Que le coup de pied.

Voici, voici le Ballant ballottant,
Saluez ici le Bâillant bâillonné,
Sans bras, sans pied,
Mais en rond seulement.

Ballotté de Rien à rien
Du tout, dans tout complètement;
Qui n'est que boule et
Qui boule seulement.

Mais comment, mais comment?

Parce qu'au commencement...
Parfaitement, parfaitement!
Car il faut un commencement et
Recommençons-le par le commencement.

La Fin et la manière

UN SAFRAN DE MARS

Le maître de l'Amour se maintient au carreau de lune. Ses yeux, tirés du blanc, découvrent l'ombre de Ce-qui-n'est-pas.

"Donnez-nous, disait-on, ce qui manque à l'étincelle pour faire du bois, ce qui manque à la rivière pour mouler une forêt en feu!"

La machine de l'Amour battait la campagne, hâtait les saisons. L'échelle de son ombre dépassait l'horizon.

Il y eut un soleil et quelques allumettes perdus dans la boîte du vide...

Une étoile avec la chair de l'œuf.

Un grand rideau d'objets. Rien devant et tout APRES.

La Fin et la manière

JEAN-PIERRE DUPREY

SAVEUR D'HOMME

Donnez-moi de quoi changer les pierres,
De quoi me faire des yeux
Avec autre chose que ma chair
Et des os avec la couleur de l'air;
Et changez l'air dont j'étouffe
En un soupir qui le respire
Et me porte ma valise
De porte en porte;
Qu'à ce soupir je pense: sourire
Derrière une autre porte.

Détestable saveur d'homme.

En vérité, une main ne tremble
Que pour vieillir sa mémoire;
L'autre ne vieillit que d'avoir
Trop bougé de vie depuis le temps
Où le monde l'a basculée
Dans l'histoire du temps et du moment,
Qui, sans jamais se ressembler,
Se retrouve à chaque instant
Dans le sac noirci de son éternité.

La Fin et la manière

MÉMOIRE À FAUX

Le chemin mène à la maison du passé. Dans la cour:

Une araignée éprise de mains,
Une licorne mangeuse de regards,
Une chevelure confuse de satins,
Des draps dépliés dans un crépuscule de retards.

Bientôt le soleil des morts rappelle un premier matin, émerveille les mains dans les extrêmes de cette aube couverte de chagrin... et la bête musique.

Et, près de moi, une personne allongée ferme la bouche comme un frein.

Les oreilles de moi ferment le mur, une fenêtre de rien.

Que ce tombeau ne s'éveille de trop de souvenirs!

La Fin et la manière

MICHEL DEGUY

AUTRE CHAMP DE BRETAGNE

Une pente douce relevait le champ pour l'offrir, comme un
décor de théâtre qu'une perspective exagérée rassemble;
telle jadis Andromaque tendit Astyanax à son père.

Une pente douce relevait le champ contre la perspective,
compensant la fuite du lointain,
rapprochant à l'autre bout la haie de châtaigniers.
Au début du champ, une ruine d'arbre, très vieille souche
polie, gisait, borne de l'entrée:
cristal des cieux blanchis de tant d'étés et du sel de la mer si
proche;
os de la mer, la vieille femme ridée.

Un chemin couleur d'herbe à peine tracé en deux sillons,
axe juste, redressait doucement le champ vers les yeux,
hampe inclinée au pavillon de châtaigniers.

— C'était vraiment le chemin du champ,
dissemblable des routes étrangères qui déchirent la terre,
routes qui outrepassent la campagne sans la voir,
cicatrices de pierre au pus de goudron;
car le champ lui-même se pliait en ornières mauves,
se faisant chemin de soi-même, vers soi-même, en soi-même,

jusqu'au grillage de châtaigniers et d'aubépines
infranchissable aux bêtes mais ombreux pour elles
entre les porches des meules aux aigrettes d'ajonc.

De Port-Nèze
Fragment du cadastre

LA PRESQU'ÎLE

Vivre peut satisfaire si en même temps les jours se profilent en récompense-l'œil, tels des personnages arrivés déjà sur le fond de la scène et qui d'un instant à l'autre vont nous donner leur point de vue sur le drame. Nous espérons la suite, et la voici: le ciel ce soir me parle de demain, prophète vérace qui me confirme le chaume et le figuier, la libellule et le lézard, le silex et le maïs. Déjà murmure la parole de demain, réservée, incomplète, et qui retiendra encore le mot de la fin. Les jours s'entr'aiment et s'entr'appellent.

Le vent siffle un départ; debout sur le grand quai de la presqu'île je l'entends, mais lequel, parmi les grappes violettes des fleurs de bruyère harcelées d'abeilles.

Poèmes de la Presqu'île

LE MENHIR

Mais que faites-vous de l'imprévisible? — du chant grégorien, des ronds de buis, des cloîtres, des poèmes à Vittoria Colonna, des serments sur l'honneur et des fêtes, des alliances de viandes et de vins, de l'artifice du feu, des fleurs inventées, des défis et des morts sérieuses.

Car il reste la brusquerie de la croissance; une même manière de se redresser; les assomptions tenaces de la psalmodie; une même manière de monter sous le ciel, de tendre les paumes de l'amour, de s'arracher sur la terre jusqu'au faîte gothique; cette création discontinuée; tout ce que la mémoire ne peut que conserver *tel quel*, comme autant de chefs, élévations différentes, mais toutes de naissance mystérieuse.

Que faites-vous de ces témoignages erratiques, absolus; de la pure érection des menhirs; des autels au dieu inconnu; de l'entêtement sacerdotal; de l'exhaussement de signes lapidaires uniques sur le désert; du fait de l'immense existence?

De ce luxe, de ces cabrements solennels; des semonces obstinées de l'homme fulgurateur qui frappe à coups redoublés sur ce monde renfermé?

Poèmes de la Presqu'île

LE CHATEAU

Merveille par une soirée de demi-lune: derrière le bruit des douves occupées à serrer leur double ceinture, la masse laiteuse du château, dont la brume estompe les disparités; les buis ronds et les buis pointus balisent la sortie vers le large de la plaine; merveille.

L'orangerie voûtée, la clairière de la pelouse plus grande que toute fête, les arbres exhaussés depuis des siècles éduquaient les fils vers la grandeur du monde qu'un bâtisseur avait su rendre visible. Beaucoup — les comptait-on? — habitaient un domaine sans proportion avec leur squelette. Grâce au château où conduisait un grand jardin ils vivaient en mesure.

Chez nous: la pesanteur des corps torturés entassés dans les fentes de la prison; des femmes dont le visage ressemble à un corps: yeux, bouches et cheveux et narines se décomposent les uns des autres; et la haine qui rompt le temps.

Poèmes de la Presqu'île

LE SABLIER

Si je perds l'habitude de t'aimer, nous voici comme deux retraités qui jardinent séparés par un fil plus épais qu'une digue.

Pour réapprendre: placer ta pommette gauche contre ma pommette droite, et frapper doucement sur ta nuque pour faire passer de mon côté tes cils, le sable de tes cheveux, ton souffle au goût de fruit.

Toutes les trois minutes renverser le sablier.

Poèmes de la Presqu'île

Entre la mer jamais découverte et la terre jamais recouverte, il y a cette aire amphibie, ce caméléon tour à tour prairie ou étang, marais ou méduse, qui trahit toutes les six heures et passe à la mer et repasse à la terre, cette zone pareille à un supplicié dont on ne plonge jamais assez la tête pour la noyer et qu'on ne maintient jamais assez à l'air pour qu'elle dégorge.

Sous mes yeux elle mime la terre et parmi les tertres aux herbes collées comme des mèches sur les tempes fiévreuses un chenal imite la rivière tandis que des mouettes et des canards, des grues et des hérons jouent aux pêcheurs en eau douce; tout à l'heure la mer aux ondulations de tuile romaine débordera comme une invasion archaïque: enrayant toute germination elle inonde des insectes attardés, repousse des vaches égarées jusqu'à son bord indécis et rapporte à l'épave l'illusion du clapot.

Dans cette zone inféconde mais passagère et commerçante, tout un peuple de mollusques et d'oiseaux profiteurs, espèces qui se tolèrent ou se combattent comme des hommes racés aux douanes de deux mondes, se ravitaille avec un bruit d'usine.

Les mouettes, le lasso de leur cri, poussent la marée vers ses enclos de routine, c'est la cent milliardième journée de travail Migration aussi des souffles locaux qui se chevauchent vers le hangar des coteaux, oiseaux pique-vent sur leur échine souple…

Biefs

Maintenant je sais que c'était le goût de liberté. Et que les plus anciens livres disaient cette genèse incessante et qu'il n'y a pas entre les travaux, les jeux, l'amour, les villes, les âges, les provinces, les métiers, entre la voile et le pêcheur de moules, le bûcheron et l'enfant, les nations, le jour et le soir, le geste du peintre et l'activité industrieuse, cette seule différence médiocre qu'ils imputent à des connaissances, à des salaires, à des ambitions, à des manques, mais l'unité riche et tournoyante de choses semblables à la vie partagée car l'un doit s'en aller, un autre demeurer, il faut bien occuper ce lieu d'îles sous les vallonnements du ciel, entre le doux éventail du matin, la terrasse de midi, la tanière de nuit où rentrent les bêtes de la mort.

Biefs

Quand le vent pille le village
   Tordant les cris
      L'oiseau
S'engouffre dans le soleil

Tout est ruine
   Et la ruine
Un contour spirituel

Ouï Dire

La vie comme un champ inégal
                                        gal
                                              et le champ
comme un infirme qu'on porte au soleil
                                                    leil
                                                          et le soleil

comme une borne où la terre vient virer
rer
et la terre
comme le texte qu'un myope ajuste à ses yeux
yeu
et
comme la vie

Ouï Dire

Moraine bleue dans le glacier du soir

La vigne rentre sous le vert, le bleu reprend le
ciel, le sol s'efface dans la terre, le rouge
s'exhausse et absorbe en lui les champs de Crau.
Les couleurs s'affranchissent des choses et
retrouvent leur règne épais et libre avant
les choses, pareilles à la glaise qui précédait Adam

Le saurien terre émerge et lève mâchoire
vers la lune, les années rêveuses sortent des grottes
et rôdent tendrement autour de la peau épaisse Falaise se
redresse, Victoire reprend son âge pour la nuit. Les nuages
même s'écartent, les laissant.

En hâte quittée cette terre qui tremble
ils se sont regroupés dans la ville, bardés de portes.

Ouï Dire

le ciel comme un enfant monte en haut des arbres
l'eau devenue senteur
                    traverse
les fleurs s'appellent Danaé dans le lit

le bruit de Rome dans les cimes
                              oscillantes
ivres insectes tonnelle des cris
et le soleil mis en sacs légers ici
et là
la peau s'irrite
beauté d'arbre comme un cheval musclé sur la mare
plus loin l'école de danse des jeunes pommiers

Ouï Dire

Car le monde a besoin d'être annoncé. Un poème est parabole: le royaume du monde est semblable…

Il voit l'assemblage des choses. De l'autre côté du "comme" il y a le *comparant*, un aspect du monde qui nous révèle celui-ci.

Le poème est pareil au "gardien du troupeau": l'être-fleuve d'Héraclite, il le conduit comme un bétail innombrable vers le lit du poème. Soigner bêtes et choses, c'est aller-dans-le-sens, favoriser la transhumance du monde: bruit de fouet, c'est le vent; grondement, c'est la marche des choses; le poème est le lit où faire passer le fleuve captant son chant comme sens; harpe éolienne où le vent alors, si elle est bien accordée, livre son sens, comme le cyprès d'abord fut ce filtre dense dressé pour que le vent se fît entendre une première fois; moulin où l'eau, s'il est bien édifié, s'il convient, livre son rythme; "langage des fleurs" disait-on naguère, ou des oiseaux: allant plus loin le poème recherche le langage du langage.

Pourquoi les femmes nettoient-elles la maison, ses abords et tout ce qu'elles ont? Pourquoi laver la bête, couper les haies, disposer les fleurs? Non pour un plus facile usage. Mais pour que les choses se montrent elles-mêmes, *proprement*, mises en place, visibles.

Par et dans le poème, les mots se dressent comme le cyprès, sertis, exaltés, parés: prenant la taille qu'ils ont, devenant la parure qu'ils sont — montés à ce surcroît d'eux-mêmes, cet étrange surcroît de résonance où vibre un sens.

Le poème distingue et approprie les vocables, les redresse à la hauteur où ils se tiennent dans le chant de leur sens, isolés *et* assemblés comme les buis *et* les platanes de l'allée.

Le mot chargé d'horreur, d'aimant
Prête son nom à ce qu'il intitule
Nef *chargé de sel, de distance*
Prête son nom au bateau confondu avec lui
Trandis qu'il passe en secret alliance
Avec bleu—*lui déguisé en échantillon*—
Ils tolèrent le commerce fructueux
De leurs homonymes pseudonymes

Le poème ne s'achève dans aucun savoir, surtout pas un savoir *sur* lui. Il est ce texte qui attend le moment de sa diction; ce moment où on a besoin de lui comme de l'évangile du jour.

Actes

MICHEL DEGUY

HAÏKU DU VISIBLE

Un L'équidistant Lui le lucide
L'impartial quand la terre dormeuse
Se retourne vers lui

Deux La coque azur
Incrustée d'arbres sous la ligne de pendaison
L'air qui cède à l'oiseau
Qui s'efface

Trois Le treillis le réseau le tamis
Le nid d'intervalles
Un feu de paille aussi longtemps que le soleil
Et ces murs une piste de plantigrades
Murs tracés à coups de griffe
Et debout comme un moulage de combat

Quatre L'eau bien épaisse bien ajointée
L'eau remplie remplissant
L'eau sans jour sur le poisson mouillé

Et la terre comme fonds la recouverte la patiente
L'implicite

Figurations

BERNARD NOËL

Il erra de nouveau vers l'immobilité, mais pour constater que le langage était inévitable. Il rêva alors de se formuler pour disposer à volonté de soi-même; et comme les mots refusaient de répondre à son: "Qui suis-je?", il entreprit d'explorer le "qui suis-je?" de chacun d'eux. Tout d'abord, il apprit seulement que l'être des mots ne se sépare pas de celui de qui les articule: relativité qui lui parut maudite, car elle interdisait l'espoir, pour soi-même, d'une formulation définitive. Ensuite, il vit que chaque mot n'était, dans l'eau du temps, qu'une sorte de nasse perméable au courant et gardant prisonnier quelque chose comme un visage aveugle. En même temps, il sut que mourir n'était, parmi les mots, qu'une dissolution qui, fil à fil, voyait se dissoudre la nasse. Devenir mot, c'était donc échanger la mort brutale contre une désagrégation lente, en vérité n'en pas finir de mourir. Revenant au: "Qui suis-je?", il entrevit la réponse concentrée tout entière dans le visage aveugle, mais cette réponse n'était qu'une autre question, car le visage demeurait indéfinissable. Et de cette question aveugle, une nouvelle aussitôt surgit: à qui appartient ce que je suis incapable de nommer? Il aurait voulu crier: "à l'infini", mais, dès cet instant, l'infini ne fut plus pour lui que ce qui demeure indéfiniment indéfini: l'inutile, en marge de la vie et de la mort.

La Face de silence, *Des Mots* (extract)

qui gouverne ce songe
vers la contrée aride qui le nie
nous avons bu le sable puis le sel
et la chair est en ruine

aucun mirage ne pousse désormais
le long des sentes blanches
et chacun regarde avec indifférence
le temple éblouissant et sec
de l'os-destin

La Face de silence (no. xxiv)

peut-être eût-il fallu graver sur ces galets
l'empreinte de nos masques
et semer peu à peu
tous nos visages de rechange

la porte était ouverte
mais toujours plus lointaine

on nous disait
                    l'avenir a la fadeur des steppes

et nous laissons   faute de mieux
de grands mots dénudés à l'orée du désert
comme autant d'hermès
pour d'autres voyageurs

La Face de silence (no. xxv)

depuis longtemps nous n'étions plus que l'âme du miroir
où s'inversait l'image poursuivie
mais le tain même s'effrita
qui nous faisait encore différents

où étaient   nôtre   vôtre   leur
et le simple pouvoir
de se carrer au milieu de sa forme

la nudité conquise
ce n'était rien que le vent terrifiant du hasard

La Face de silence (no. xxxi)

avions-nous convoyé le reflet d'un reflet
ou mis le cap sur l'analogue

n'avoir plus faim n'abolit pas la faim
et les nommer ne scelle pas les choses

qui pouvait dire
                    je suis là où finit le voyage
si le regard levait encore un horizon
sous le couchant défait

certains voulaient la neige pour s'unir au silence
et d'autres une parole
qui chiffrerait d'un mot tout le visible

mais l'œil qui s'éveillait une nouvelle fois
reflétait aussi bien la fin que le commencement

ailleurs
les pierres mêmes avaient sommeil

La Face de silence (no. xxxiii)

bonjour du sel
quand la mer se retire
pluie blanche
sur le cœur de l'été

œuf très lisse
au panier de l'amour

quelle ville coulée
entre nous sous l'écume
quelle litière d'algues
au fond de nos mémoires

La Face de silence (extract from *L'Oiseau de craie*)

elle pensa que c'était comme s'ils avaient dansé ensemble dans la solitude blanche...Elle se sentait pénétrée de blancheur au point de faire corps avec la nature entière avec la plaine infiniment immaculée...Tellement éparpillée dans tout cela qu'elle n'était plus du tout certaine d'exister distinctement...

on ne pouvait parler et d'ailleurs
qui dira la chute lente
la vie dessus dessous continuant de neiger
et l'un sous terre
et l'autre tombant tombant
et le présent à leur rencontre
comme une vague crêtée de blanc

qui dira la part irrémissible
et la vitesse de la roue
passé futur l'un l'autre se contiennent
ou bien se touchent à la grille des dents
mais qui les mord
meurt au présent
et retombe dans l'un ou l'autre

qui dira le fleuve immobile
où la parole va sans fin
tomber dans le même présent
et qui alors voudra y croire
s'il lui faut aller vers le détachement
de toute idée de parole et de fleuve
pour tomber dans ce même présent

ô blanche et saline
la part effondrée de la nuit
ici et maintenant

quelque chose dérive
sous la plainte du vent
et les os se retournent dans le sable

le temps recoud ses franges
la houle abolit le silence

et j'appelle le jour
car bleu le ciel
où bout l'éternité

A vif enfin la nuit (extract)

Femelle étendue, page blanche, dont l'être-là sollicite l'envol de signes. Matière au bord de ma matière appelant la dimension nouvelle: celle qui exprimera leur approche et minéralisera le point de rencontre des regards. Dans mes yeux, sans arrêt, Alice traverse et retraverse le miroir. Loin au-dessous, le vide creuse sa caverne au milieu de ma chair—un vide dont le pourtour est vibrant du besoin qui en moi le dilate. Le regard-dedans coule sur ses parois et dans le même temps les rend présentes à mes yeux, les y relie au regard-dehors, qui voit la page et son appel—qui est la page et son appel. Et soudain, puisque le dedans et le dehors sont présents dans mes yeux, toute distance entre nos formes se dilue, et Nous s'écrit quelque part au plus vif de l'espace. Mutuellement, nos corps se pensent, et toi, tu parles au fond de moi, qui suis également ma page, et ces signes jetés sur elle, jetés sur toi. Plus tard, immobile à côté de mon bras, je regarde ce reflet qui sèche dans mes yeux, tandis que l'invisible redescend sur ma nuque en donnant du poids à mes épaules et un dos à mon corps. Tu es couchée, paupières closes, sujet bien renfermé dans son cercueil de peau, et je me souviens à peine: il reste seulement ces marques de ma main, ces traces de nous, ces choses à relire, qui sont à peine encore empreintes pâles vers un pays perdu. Et je demande ou me demande: qui je fus?

Une Messe blanche (extract)

vient le bonheur

informe comme l'eau
et j'écoute la bête à mots
qui remue dans ma bouche

finales en ou
finales en ène
quelle douceur dans la glotte à glou
tandis que vont   manitou genou bijou

sapajou   coucou   kangourou
auprès des miennes sirènes
tirant à la chaîne la gaîne phalène
l'homogène suzeraine et la reine
qui gangrène ma semaine

quand est dégluti le dernier phonème
alors ça recrie
où le regard pique

si on pouvait dormir

compte moutons ou compte rimes
toujours le même chapelet
je cherche d'abre en acre
mais les palabres d'Odoacre
ne suffisent à semer débâcle
en la douleur

l'à vif se déplace
le corps se tasse sur sa pointe
encore   encore
et pour combien de temps

Poème à déchanter (extract)

LE GRAND MAL BLANC

donc
entre un chaud et un froid
la chute

de la bouche sans dents
à la bouche de terre

et toujours sur le cœur
une veste si blanche
qu'elle appâte les mots
tout en les repoussant d'un
je ne suis pas celle que vous croyez

donc
le col serré
et les bras loin du corps
et le souffle crachant au loin
cette salive
qui veut mettre aux revers
un sens noir

et l'air n'est plus
entre tant de crachats qui volent
qu'une mémoire bourdonnante

tais-toi
le creux du ciel
est le dessous d'un crâne
où trop de mouches
font la scie

tout œil ouvert
est un puits où pondent ces étoiles
et c'est le lait des larves
qui regraisse la langue

ô laitage du sens
quel crachat souverain
nourrit cette coulée
qui ceinture la nuit

et je voudrais lécher
cette idéalité

est-ce
le système luisant
par quelque Hegel lâché
depuis sa grosse tête enruchée

ou bien ou bien

chacun s'avance dans le bourdonnement
comme un attrape-mouches

et le blanc
qu'il soit l'os ou la page ou le reste
est un leurre collant
où se prend seulement
un peu de chair mourante
qui fut verbe volant

le cœur
retourne enfin sa veste
et meurt

mais chaque cadavre
est une grosse tête
où pullulent les larves

BERNARD NOËL

ainsi
tout remonte et s'envole
ainsi
tout recommence

(Published in *La Traverse*, No. 4, Spring 1971)

JEAN PÉROL

DITS DE LA POÉSIE

Je ne suis pas faite pour
mais je suis faite de
dit-elle
je ne cimente pas les pierres
je les troue je suis du vide
où poser portes et fenêtres
même mieux dit-elle
lorsque le mur triomphe et se dresse et s'entête
je m'ouvre en lui comme une faille
afin qu'en sa faiblesse il ait besoin de mains de bois de soins
non je n'arme pas je ne lie pas je n'étaie pas
certes je suis le gel je suis le feu
qui fend la pierre où il le peut
je suis la fente et l'eau dans la fente
j'érode j'affaiblis le roc
pour qu'il se sache vulnérable

quant à l'équilibriste qui tout là-haut traverse nos places
je suis son vertige passager et non pas sa routine ni son balancier
il a besoin de moi pour sentir son poids
grâce à moi il s'écoute il s'entraîne il se vérifie
je suis sa crainte

et je deviens ainsi la qualité de son pas
je ne rassure pas j'inquiète

je ne prouve pas je cherche
je ne sers pas à soutenir quoi que ce soit
je le répète je suis inutile comme le vide
des portes et des fenêtres
je suis un manque un trou
je n'arrive pas je suis un départ
je n'équilibre pas je déséquilibre
dit-elle

et pourtant dit-elle encore
j'apaise celui qui regarde
et j'accueille celui qui arrive
je suis le plus nécessaire de la maison.

L'Atelier

AU TAIN DE CE MATIN

Il est bon ce matin de ne pas se bannir
de pouvoir se couper comme une pomme en deux
de se voir chair très simple au bien des deux côtés
il est rassurant de se dire
qu'au fond de soi les choses se dénouent
il est doux de pouvoir se faire croire
qu'en la force de soi le destin se résout
mais déjà la piste se dissout et tout
retourne au calme indolent du sable et tout
vous contraint à écrire de plus en plus petit

laminant ce triomphe en ce fil de fumée
en traces de mouche ivre que le poison englue
et vous repose au fond où grouille le hasard
où des poissons dormant butent de vitre en roc
où des cités se jouent où les amants se rongent
où les faiseurs de clés n'ouvrent jamais de porte.

Le Point vélique

CAGE

Femme qui s'aime et règne sur ses fards
qui tourne dans mon encre son silence de phare
femme bondée de sang femme anti-poésie
toi qui dans tes harnais avance d'un pas sûr
poison poignard bataille usure
flot doré de lait sans mensonges
vraie chaleur que verrouillent tes dents
sur lesquelles tapent la pénombre et la musique
et toute la moustiquaille de mes pensées
je suis en cage donc je t'aime
toi qui tiens la clef et tes longs yeux mi-clos
toi que nul ne mate même s'il te pénètre
harmonie marchante au-delà des mots
dans le blues si doux de tes algues noires
et belle d'une beauté dont je ne doute pas.

Le Point vélique

LA MAIN SERRÉE

Pour gravir toutes ces marches de pierre luisantes sous la pluie, ne lâche pas ma main. Ici, ce n'est plus le moment des caresses qui se dénouent, mais le temps du défi où la gorge se noue. D'une haute poussée, d'une seule jetée, cet escalier qu'ont martelé les siècles monte entre les érables au vermillon des dieux. Le son vibrant d'un gong songe entre les monts, les feuillages tendres ont des balancements mouillés au-dessus de nos têtes quand tu me parles bas. Les palmes d'un complot, les allusions de l'eau, les brûlures de la peau. Un rossignol au plus loin infiltre de temps en temps son cri liquide sous l'épaisseur de la forêt, la brume tout en bas étouffe d'autres voix, et sur leurs stèles de laque noire les dieux, là-haut, sans nous voir, derrière l'ombre et les filets d'encens, épient notre montée sous leurs paupières bridées. Ne lâche pas ma main, comme moi ne te retourne pas, n'écoute plus le présage tiré où le caractère "mauvais" fut gravé, nous sommes seuls (ô solitude du couple, bonheur arraché...) et montons attachés parmi les signes inquiétants.

Le Cœur véhément

PAR DES MORTS FRAGMENTAIRES

Parfois tombe le calme, le grand calme, l'âme en collines de glace et de neige sous la lune. Une campagne boursouflée, abandonnée, dans les janviers de l'intérieur. Le froid dans les réseaux du rythme et des paroles, le froid dans le courage, le froid. Un cran, un arrêt, un suspens. J'ai marché, j'ai habité dans l'aisance du tempéré, je ne m'en souviens plus. On peut jeter des cailloux, aucune ride, aucun cercle ondulant sur l'eau. Je reste immobile un après-midi entier auprès des objets froids, à entendre par instant la chute mate des pétales. Les roses meurent, c'est un sort trop connu, mais moi j'y bute et m'en étonne encore. Le vivant se dessèche, perd la mémoire de l'éclosion, perd, perd, et ne sait plus savoir comment il fut parfum.

Le Cœur véhément

SALUTAIRE

Les hommes dans l'enfance s'enferment à double tour. A travers leurs souvenirs on les entend souffler. Ont-ils peur de s'exposer, ont-ils peur de brûler? Buter chaque jour au coin des mêmes rues, tirer soir par soir entre la chance et soi le seul cri qui nous ait déformés, ne leur fait donc pas sourdre aux commissures des lèvres la mousse acide des nausées? Mustang ou chien, quel espace entre deux sorts, quel désarroi! Filer, faire gicler l'écume salée, se dépouiller, crépiter, brusquer la vie à chaque pas, lève les craintes si haut et si multiples qu'elles retombent sur eux et les recouvrent. La sagesse devient le clos, la sagesse c'est le couché. Or mourir dans le petit, assez! Ah les anges gentils, il faut s'arrêter de leur dire oui.

Une seule fois dans ta vie, l'ange que tu fus, qu'il vole, mais qu'il vole en éclats. Il faut bombarder les vocables anciens, et ange enfance ou passé, il faut franchir et renier.

Le Cœur véhément

JUDO

Un cerveau de bois pourri, un cerveau de marbre dur, assez! Donnez-lui un cerveau-coureur, aux muscles chauds pleins de vigueur, donnez-lui le sang des heures, des sprints, des foulées d'envolées sur toutes les cendrées. Lorsque les jours puent, dans la vie de glu, donnez-lui un départ de fusée. Fumées, feu, adieu: cet acier pur file, ficher nos voûtes. A bientôt quelques renseignements, les ondes le suivent doucement. Quelle allure, quelle allure, par-delà les cocktails de la littérature! Donnez-lui l'audace d'être aussi neuf que son enfant. Donnez-lui la splendeur d'être naïf de temps en temps. Qu'il frappe vite comme un gant de boxeur. Qu'on entende cogner son cœur. Donnez-lui la force et la vitesse. Blanc et précis, blanc et redoutable, non comme un ange, mais comme un combattant de judo. Donnez-lui toute rigueur, toute blancheur. Qu'il traverse léger les débris des statues.

Le Cœur véhément

LES DRAPEAUX

Les drapeaux orgueilleux s'exhibent dans la brume. Encore, ça claque sur les toits, ça saque toute loi, et quand ils passent, il faut se tenir droit. Qu'ils reviennent décorés ou déchirés, on les incline sur les souliers cirés. O cliquetis des médailles, symphonie de novembre, la camarde fit ripaille. Comme des larmes sous les paupières, les tambours montent entre les murs. Souvenir, mourir n'est pas si dur, les généraux sauvés l'assurent. Arc, arcanes des cérémonies, secrète pavane du mépris, il faut se taire. Mais qui entend (hacher, forcer, tuer) sous les couleurs et le silence, les morts, et les morts par nos morts, pour un peu de tambour au milieu d'une cour?

Ruptures

BOEING

Boeing — Boeing — Boeing—
Going going going
allant allant allant
ailes tendues sur les vents
les éclats sont des îles
les fissures les fleuves

la neige — Dieu — la chaleur des viscères —
la carcasse formée au hasard sur la terre
tournoie

(la neige — Dieu — la chaleur des viscères —)
tournoie
dans ce vide qui lie les soleils des mystères

alors
mélange
mélange aux éléments aux vents
aux cadences énormes du large
mélange aux hommes rudes et au sel
mélange
aux larmes lentes des compagnes

mélange à l'innocence qui nous enrobe et nous protège
à la confiance vierge qui n'a lieu qu'une fois
aux pluies aux fêtes à la fuite du sang
mélange
aux doigts ouverts que tu me tends depuis longtemps.

Ruptures

C'EST VRAI—LE BLANC—

C'est vrai — le blanc — rien n'est jamais assez vide
trop de livres s'alignent qui nous tournent le dos
c'est vrai — je l'ai appris — les meubles inutiles
et les paroles — bulles — bulles — sur la tourbe des cafés

et les paroles ciseaux ciseaux et les paroles oiseaux oiseaux
les paroles en bandes au dos noir de fourmis

qui volettent qui forent qui coupent qui entassent
dans les revues sans vues qui inspectent la vie
comme généraux
ne voient rien ne voient pas (que le bouton qui manque)
les soldats garde à vous qu'ils longent de leur pas

c'est vrai — le blanc — le vide —
nous traînons toujours trop
enlève dans mes mains
enlève dans les pièces
enlève ô siècle lourd la suie cérébelleuse
sais-tu lâcher sais-tu partir
le sang s'allège
et dépouillé au dépouillé l'homme respire.

Ruptures

JACQUES ROUBAUD

DE L'AVENTURE

La belle mort qu'à l'aventure
Aura gagnée le voyageur
Jamais bateau n'est revenu
Dans la pastèque de ce port

Il n'a pu rêver sans y croire
Qu'enfin la mer s'était ouverte
Mais de rouler par la planète
Blanches voiles reviennent noires

Que veux-tu l'eau n'a qu'une langue
A lécher verte les écueils
Que veux-tu l'eau n'a qu'une porte
Et ses deux faces se ressemblent

Sans bruit sans mystère sans voix
La lune pleine s'est posée
Sur les yeux de l'homme couché
En chemise comme les bois

Voyage du soir

1.3.12 O [GO 132]

à la fin oublie l'enfance ses oreilles de chien les jeux de cinquante deux images qui se répètent toute expérience n'est que miette dans la mandibule énorme qui nous happe pourquoi marcher à reculons retourne toi il n'y a rien

devant sinon un pouce d'espace qui se fige à mesure que nous l'abordons on dit l'avenir et certains voient une plaine d'autres pas c'est une question peu soluble à laquelle nous savons donner de belles réponses funambulesques: premiers pas dans le presque sûr qui deviendra vite le sûrement ensuite je ne sais qui ne deviendra pas moins certain

les heures nous avalent l'une après l'autre on ne s'attardera pas dans les parages on attendra que l'écorce se grave d'elle-même sur le canif qui saurait patienter autrement les lendemains s'accrochent comme limailles

chacun est emporté parallèlement tu regardes tu regardes tant que tu mourras de rire trottoirs allumettes pioches savons planches monnaies se voilent s'oblitèrent s'effilochent s'embuent se délitent

ε

1.4 ○ [GO 124]

petit tamis pour pépites petit petit remous dans la grande eau blanche petit menu foin menus celliers fontaine devant les chutes petit cahier où se lira petit morceau de craie petite fable petit marbre sous petit if taillé bas petite histoire pauvrement

malheur pas malin bouche cousue pauvreté confusion pierres petite morale d'agneau bâté petits habitants de polenta de panurgie petits ports d'anchois et d'ail petite porte des lionnes à Mycènes

pentes de l'or et pentes du vin petits sous tassés petitement légère mousse d'un autrement d'un ailleurs petit argent de la jeunesse petit plomb de la fatigue

presque pas peu à peu à peine par hasard parcelle hôpital corridor mots petits presque-mots paille plainte peureux petits désastres petits petit monde

ε

sept ○ [GO 84]

le temps fuit le temps, le temps est comme larve
le temps est l'inconscient de la terre étale
le temps est regard le temps est transparence
aux morts à la passion aux fausses épreuves
durée d'homme seul durée de femme seule

lumières de la lumière de l'absence
l'alliance n'est que toute petite écume
véloce ensuite les vagues se séparent
le temps est rougeoiement le temps est de l'ombre
le temps est cette écriture qui s'allume
sur les pages sur les langues de hasard
le temps le temps est fourmi le temps est nombre
rapproche les reflets les bouge les mêle
efface l'homme et la femme, les enfances

ε

noyade ○

Je suis un homme sans enfance
moitié remords motié fumées
dans ma tête dansent les nombres
et je blanchis comme un été
sur les crêtes du sable sombre

Je suis un homme du silence
gris rangé sous les lois du temps
la mer mortelle offre ses chances
et je me hâte dans le vent
nageant vers l'insignifiance

Je suis un homme solitaire
que la douleur a dévié
les vagues montent à la terre
et moi je sombre décrié
sous les mouettes qui délibèrent

sœur la mort ô sœur difficile
tu m'attends couche de la mer
oubliez les ainsi soit il
j'étais un rire du désert

j'étais une bouche inutile

ε

Nikonova ○ [GO 26]

Des yeux de sable jaune d'eau épaissie de
gel, des yeux de fille de Mémoire traver
sés du sel des lagunes de troubles d'acides
bleu fermenté, jaune parfois ou glacier vert

des yeux soudain où la buée du gel tom
bait comme un drapeau de tristesse vespérale
sur le blanc, comme un tablier de pont, spirale
des fleuves le soir aux plaies de boue de laiton

des yeux d'alcool ennuagé des yeux bleu loin
des yeux d'où? silencieuse dans le mai doré
derrière ses paupières les neiges chuintantes

elle oubliait la lumière belle les foins
les cerises le cri étonné des forêts
et plus tard but au philtre de nuit sifflante

ε

Un moment central un lieu plus proche de la vie en cherchant bien
en approchant par les rues en devenant
boule noire dans le noir
boule verte dans la mer un
quelque part où advienne la vie amène

Une vérité dans les choses un pourquoi le dessin de la feuille le piétineme
des mots une vérité dans les crayons dans les hublots
comme glace et glacie
à plat la main à tenir ou
tombant de la bouche

Une forme pour les plaisirs une pour les pensées toujours par le noir
et par le blanc
tire la ligne du drap soleil des murs à l'
écriture phénicienne

Un monde cerné des avenues derrière les cloisons un ordre dans les
regards dans la succession des pierres un temps
de passe bruit de
passe froid intelligible

Une douceur à être ensemble à rester ensemble sous un toit qui
retient la neige une année ronde des litres et des livres
ce qui n'est pas dit n'est pas à dire

ce qui n'est pas digne de silence n'est rien
que le temps marque d'un silence

B. Y. Trois ou dix-neuf poè

PIERRE OSTER

TROISIÈME POÈME

Hampes de l'hallali qui me chassez du soir
Je fuis mais j'entraîne en flanc-garde
Sous le regard des flaques
Une rafale radieuse d'hirondelles!

(Emondes et matins!
Nébuleuses! Lilas.
Tempêtes dépêchées sur mes pas!)

I

Au creux de mon épaule une femme a peut-être abandonné le
blé d'un été de tempête.

Au creux de mon épaule l'éclat d'une tempête,

La nuit pure et l'éclat d'une pure tempête ont peut-être crié
que je ne vivais point.

Le secret que je fonde ne me répondra rien.

...Il est tard dans le jour. Une voix périlleuse
Laisse monter des mots vers les andains en feu.
Noir l'espace sévère enchantement des dieux

Inonde de forêts l'âge frangé d'écume
Redit d'une halenée l'ode de la lumière
Douce qui se défie du jour mystérieux…

Et c'est la nuit du fleuve qui n'a plus de nom.

L'effritement, la mort des saisons et des plaines.

La folie de la plaine foulant dans le ciel fin
Le ravin monotone où croissaient les matins.

*

(Mes yeux m'ont demandé j'ai demandé aux pierres
Quelle force nous lie à l'effroi des rivières.
La mer m'a répondu d'un seul chant de rivière,
Un monde amoncelé m'a parcouru soudain…)

II

Le temps au dos comme un enfant je m'enfuis en riant pour
fatiguer mon ombre.
Ombre d'enfant rire du temps je ne fatigue pas mon ombre.
Le temps au dos comme un enfant je ne suis plus
Vêtu que de blanc je vais nu.
Je ne déchiffre plus l'exergue solitaire de la vergue têtue…

(Je cherche l'ombre qui me garde; ses fourrés étincelants.
Le temps qui luit comme un peu d'ombre. A la retombée le
printemps.)

III

Quelqu'un marche là-bas. Je vois marcher quelqu'un.
Quelqu'un marche là-bas sur sa fauchée, quelqu'un
Quelqu'un, quelqu'un là-bas!

(O prévisible jour où le jour se déverse,
Tempête incestueuse qui gronde entre mes bras!)

O mots de ma voix lourde de possibles psaumes
(Adieu amour)
O mots vous chantez tous dans ce cri qui s'en va.
Adieu amour vous pouviez être ma sagesse.

*

Le vent fertile messager le vent et sa fraîcheur de gave
Les sept couleurs crucifiées la pluie tendue comme une jarre
Taillent des portulans de ponce, tissent des mers dans la clarté
De cet amour que mon amour a refusé.

Le Champ de mai

Souffle sentencieux du temps qui ressoulève
La colère des nuit, souffle, trouve la paix!

Vérité de l'esprit c'est toi qui me regardes.
Paysage inconnu c'est toi qui me parfais.

Le Champ de mai, Quatrains gnomiques

PIERRE OSTER

SEIZIÈME POÈME

Que les feuillages se partagent, patiemment, page par page,
Plaine par plaine, ce poème! Que la plaine en mes vers se
propage!
Voici le flux de la Nuit. Je repère un dernier brisant,
L'écueil d'un dernier jour... Il n'y aura point de jusant,
Point de brise de terre. Point de sable effaçant, une à une,
Les flammes d'aucune saison! Et point de cavalier descendant
vers la lune.
Le rose tourne. L'ombre luit. Une étoile au zénith...
Une étoile au nadir!
Aucune étoile ne s'éteindra. Aucune étoile ne cessera de
resplendir
Tant que je chanterai, tant que je soutiendrai de mon chant
la vigie!
L'Arbre crie, crie au moment où je murmure. Son cri s'achève
en élégie.
La Lumière impose aux roseaux, dédie aux oiseaux sa douceur,
Aux oiseaux qui me révélèrent le Chant antérieur...
La foudre en boule roule, boule de gui dans les futaies.
O pluie en forme de mer! La pluie déferle à la hauteur des
haies.
Une eau profonde, une rose claire et ronde... Une rose, une
pierre où répandre mon sang!
Parmi les pierres, près du temple, parmi les pierres, je prends
rang.

Un Nom toujours nouveau (extract)

DIX-HUITIÈME POÈME

Dès le matin le jour semble faillir...Et lorsqu'une poulie
Grince, lorsqu'un chien hurle, je cherche à concevoir quelle force me lie
Aux feuillages déjà luisants comme aux plus humbles sentiers...
Tantôt la grêle défleurira des centaines d'arbres fruitiers.
Le ciel est blanc. Ou presquc. Et le froid matinal me flagelle.
Si je m'attarde, c'est à songer. (En attendant le choc du seau sur la margelle.)
Partout la rosée est féconde. Et la terre ainsi qu'au début
Du premier jour, la terre solennelle a reçu son tribut!
Une haie apparaît peu à peu... A l'horizon le jour se lève.
Le printemps, dans les bois, s'ingénie et délivre la sève.
Pour discerner que tout revit, que rien ici n'est vain,
Il n'est que d'approcher, que d'étendre sans crainte la main...
Aussi me montré-je attentif à louer doucement au passage
Un pin dont la dure grandeur convient à ce paysage,
Qui se dresse à l'abri de son propre silence et qui, s'il se soumet,
Ne se soumet qu'au vent qui descend de sommet en sommet!
Près d'une mare où le ciel est semé de cailloux et de sable,
Des marques restent du retour d'un voyageur insaisissable!
Sur une pierre je suis du doigt le sillage de l'escargot.
Dans la forêt, personne encore n'aurait pu faire un vrai fagot.
Depuis des heures, sans rien dire, en l'honneur de la lune, j'observe,

Qui se couchent si le vent souffle et qui naviguent de conserve,
Des vergers à la lourde voilure, aux larges ponts déserts,
De beaux vergers, frais et profonds, qui me seront toujours ouverts!
Au loin l'avenir est pareil à quelque feuille qui me frôle.

La Grande Année (extract)

VINGT-CINQUIÈME POÈME

Les blés croîtront, sans moi, sous la garde des flaques dociles.
Sans moi l'hiver sanglant, escorté de ses fauves repus,
Dévastera toute beauté au profit des puissances profondes
Qui souriaient jadis dans la limpidité altière du ciel bleu...
Vous aurez un peu d'herbe à jeter du sommet des collines.
Je me contenterai pour un temps infini du vide d'un hangar.
Paraître, disparaître... Il en est du soleil comme de ces feuillages
Que la poussière efface au tableau de l'ultime saison.
Avant que sur les champs le jour ne se teinte de givre,
Avant qu'il ne décline et ne soit condamné aux charniers animaux,
Je me dois d'établir avec une hirondelle une libre alliance
Qui dure et qui m'enseigne au-delà du plus sage savoir!
Un cercle harmonieux se révèle aux années que j'annonce.
Je confie à l'espace complice, aux taillis, aux roseaux corrompus,

Quel plaisir je trouvais à poser sur le corps des sources
Le manteau de moissons que les mois endormis m'ont donné!
Au pied d'un chêne épais, deux enfants vont juger la lumière.
L'aube n'est plus si pure où sereins nous nous tînmes debout.
Je franchis sans rien dire un ruisseau que je sais insondable
Et pénètre à mon tour dans le domaine des amants.

Les Dieux (extract)

MARCELIN PLEYNET

ÉCRITURE

et dans le soleil
un vol de corbeaux
sur les labours
derrière la charrue

Provisoires amants des nègres

Quelques ruines
la trace d'une rivière
nous retiennent ici

non pas un souvenir
mais une écriture

la phrase illisible que laisse dans la main
la lisière d'un corps aimé

la suie des mots qui brûlèrent ici
ruine de quel amour

Provisoires amants des nègres

MARCELIN PLEYNET

UN DES ÉCRANS EST TOMBÉ

Le verger la capitale des douleurs
Ces deux sortes d'être qui passent
Figurées
Comme une automobile
Sur moi tout à coup
Le couchant

Parler alors
Elle lui fut ôtée pendant son sommeil
Comme une pêche
Pendant que la mer le recouvrait
Tout à coup

Ainsi en leur mûrissement les fruits l'habitent
Et le corps de la terre
Étendu dans l'ombre
N'écoutant pas
La prairie

Deux mondes comme une unité
Les plantes et l'herbe sèche
Le verger dans la nuit
Sur l'autostrade
Les phares violets
Et les roses
Comme l'eau fuyante
Le café tabac   La pleine rivière
Arraché à la route

MARCELIN PLEYNET

L'unique avarice
Tout ce qui s'élève
Pour être resté

Parlant parfois
Ou bien mort

Paysages en deux

ces matinées
voici la vraie couleur
comme un rideau derrière les vitres
elle garde et s'élève ces temples qui ne parlent pas

autant se soucier de cette urne grise
qu'ils tiennent à la main
ce qui tourne est excactement du style des couleurs

"on dirait un paradoxe et aussi bien c'en est un en ce qui concerne le sentiment, mais non en ce qui concerne l'esprit."

autant dire que ceux qu'ils trouvent
souffrent de ce défaut de la vue
qui les rend aveugles

ces trois dimensions dans un édifice quelconque
s'ajourent et ne livrent rien
que la répétition
la vraie couleur qu'ils voient

Comme (extract)

Elle traverse les blés et se penche sur l'eau que de fleurs que de fruits accompagnent sa chute quand elle les saisit brusquement / ses cheveux dans l'ombre sa tête emportée le mouvement plat le disque jaune qui revient et se précipite le froid de la mer dès ce moment dans ce corps qui tourne se soulève et déjà touche on ne sait quoi et crie sans crier et la retient et sans voix crie comme tout alors est vrai sous ce drap de ciel qui tombe et qu'il n'y a plus rien ici que ce qui fut du jaune au moment où le blé la traverse au même moment

Comme (extract)

Il croit que dans un moment elle peut surgir, (autant que je sache) contre cet arbre, en ce début d'après-midi... et que je me détourne... Que l'ombre des peupliers couvre la prairie, comme elle est fixée devant moi dans ce moment où la rivière paraît la recouvrir, l'emporter. Et comme elle crie, et comme frapper semble nécessaire urgent, si la rupture se fait avec assez de force... si la rencontre se fait... si je les retrouve en cette fin d'après-midi marchant côte à côte... séparés... et comme je me trouve à leur côté, avec eux, près d'eux, séparé. Tout le livre se fait ainsi de rencontres fortuites avec ce qui ne se peut séparer et parle. Tout le livre comme une seule rencontre avec ce qui ne saurait s'en tenir au livre et que le livre tient, comme il les tient unis sur cette page justifiant la prose la poésie. Dans ce chemin de campagne où ils vont en cette fin d'après-midi ensoleillée

Comme (extract)

Aussi bien dans ce livre, ce qu'il cherche: parler soudainement, puis parler dans l'ignorance, et ne jamais parler ailleurs qu'à ce moment avec ce souvenir: revenir sur ce qui est écrit. Signaler ce qui se fait dans ce moment où ce qui ce fait se lit dans un livre. Puisqu'ils ne viendront jamais ailleurs qu'un mot ne les désigne, ils désignent les mots, dans ce corps où nous les connaissons, marchant à la ligne. Et ce qui parle ici cesse et demeure avec vous sans vous lisant dans ce qui s'écrit ce que parler veut dire, et comme aventureuse pénètre la pensée. Le poème aussi bien se signale par la présence d'une femme ou d'un paysage dans le livre, et ce qui se répète et ce qui s'arrache tout l'avenir possible, sur le papier. Dans les autres, autour de cette maison que vous connaissez, l'usage de ce qui se fait, comme pour arriver ici. Comme derrière la page le paysage sans doute s'interrompt, tandis que d'un mouvement du bras, elle désigne le vaste champ gris, le rideau de peupliers qui les sépare, ce que nous connaissons, ce qu'elle peut vivre avec vous, sans vous, quand vous aurez fini. Ou encore dans ces pages aux lignes inégales, ce qui revient la poésie ou la pensée, la vraie couleur qu'ils voient.

Comme (extract)

Ici ou là il est tout à fait inutile d'insister ce qui prend fin (dès le commencement) elle le sait (elle en garde la nostalgie) ils ne vivent l'un et l'autre que de ce qui prend fin.

Sa douleur n'a rien de personnel comme ce cri qu'elle entend — le sien peut-être — la distrait… dans ces chambres désertes et jaunes le long de ce bras qu'une caresse éveille et fait rêver où sous un drap de laine au jour elle écarte encore ce sens qui l'habite (ce qui signe le livre n'existe pas). Ou bien elle se prête au désir qui la provoque souhaitant qu'un autre les sépare ainsi.

D'un livre à l'autre présente ignorée la voici qui se nomme, s'étonne à chaque mot, dans son project, pour vous comme un livre.

Alors de l'un à l'autre se recouvre cette pensée qui les nomme et que nous retrouvons parfois marchant d'un angle à l'autre et dans un paysage vert bleu et gris

En lui avec lui près de lui sur chaque page se découvre ce qui passe en lui avec lui et comme il le nomme par ce biais. Ne cessant en quelque sorte de signer le livre (se signant en quelque sorte) comme il l'écrit

d'un moment à l'autre ne retenant (bien malgré lui peut-être) que ce que vous lisez sur cette page laissant en blanc ce qui n'est pas lu ce qui se présente en somme comme une écriture possible puisque tout ici puisque tout enfin parle (et qu'ils s'abîment) dans le livre qui le dit...

Comme (extract)

PIERRE DHAINAUT

MON SOMMEIL EST UN VERGER D'EMBRUNS

Aphrodisiaque la marée

silence en bouquet dans ma gorge
une goutte de vie.

Naissance infiniment naissance
où bouillonne la nuit
vivier parfait creux d'une main de brume.

Le chant des plages
haleine d'un baiser sur ta paupière

incandescence.

Nid des échos
l'oiseau dans sa respiration...

Aube-suicide aube possible
ni la nuit ni le jour
ton corps tout transparent

ma vie entière enfin
dans le soleil d'un ongle.

PIERRE DHAINAUT

Où que tu ailles je te suis

je te suis comme ton ombre

tu n'as point d'ombre.

(Extract)

ENTRE OUBLI ET DEVENIR, TOUJOURS

à Jacqueline

Un nénuphar en fleur parmi des images de remparts détruits à la surface du souvenir.
Une épée à manche d'étincelles, vacillante sous l'averse, fichée dans le pain frais de la nuit.
Un escalier de chevelure blanche autour d'une femme nue dont la tête est une cage de verre pleine d'escargots — autant d'yeux, germes de clarté où mon regard se perd...

Je m'éveille, bouche entrouverte, allongé sur le sable, menottes aux poignets. Marée basse.
J'attends, je marche. A peine ai-je fait quelques pas, un arbre très haut se dresse, tandis que ses branches, celles-là mêmes de l'étoile de mer, s'allongent si rapides qu'on dirait des becs d'oiseaux de proie.
Un arbre de vent au centre de la rosace fragile des rues et des impasses d'un quartier pauvre où les rares passantes ont des doigts translucides, aussi cassants que le rire de certaines

matinées d'octobre. Elles sortent de maisons silencieuses, encloses de larges filets de pêche, se dirigent à tâtons, parfois se baissent pour ramasser, sur les trottoirs de briques rousses, des morceaux de vitre qu'elles observent avec attention mais rejettent assez vite. Toutes paraissent venir à ma rencontre, puis se confondent avec le vent.

Une ville, une plage.

L'arbre, maintenant: est-ce un baiser? Battu en neige dans un embrasement d'algues, d'herbes des dunes, de grains de sable qui s'unissent en corolles d'œillets roses, de coquillages et de feuilles larges comme une joue après le passage des caresses, un baiser quand le vent, sur l'écorce ravinée de son tronc, sur ses racines découvertes, déplie une robe immense, transparente.

Je marche: des ombres s'enfuient au cœur du nid de plumes tremblantes des fenêtres. Les rues et la mer, deux miroirs l'un en face de l'autre; personne—pourtant, au fond des murs, une femme vêtue d'une chemise frêle et luisante sous la paille de l'écume, entre flux et jusant: ses bras, ses mains attirent la lumière de la plage, des pierres et de l'eau.

J'irai vers elle.

Fidèle (extract)

PIERRE DHAINAUT

NUE

Sur chaque épaule un bref instant
une flamme s'élève
tes doigts la font durer

pour que noire ta robe éclate
sous l'aigrette des ongles

pour que murmure transparaisse
toute l'écume avivée de ton corps

tu sais revêtir la clarté.

Azur des seins chant d'une proue

vagues murailles hautes
où pénètrent mes caresses

atteindrai-je la cime
quel oiseau franchit l'attente

le vent pur illuminé

cristal entre nos lèvres.

Tes paupières qui battent
voici la clé des sources.

Le Poème commencé

PIERRE DHAINAUT

ICI

Ensemble meurtris

quand la rouille déchire
entre large et clairières
nos demeures incandescentes

quand sur les promontoires
le verrou des brumes
captive un tourbillon de râles

quand l'air se crispe
et sombre enseveli
sous l'appel d'une sirène

quand le jour mord des pierres.

Ensemble aveuglés.

Secrètement
au cœur des arbres immobiles

nous sommes
la foudre mûre

ensemble
invulnérables.

Le Poème commencé

PIERRE DHAINAUT

CLÉ DE VOÛTE

Ce n'est pas le dernier mot, la mort. Tant de contraintes aussi derrière nous… Par-delà ce poème: enfin touchée, l'origine, enfin réelle. Par le poème qui délivre. Être — il suffit de respirer ensemble. Aimant, resplendissant, nous pouvons nous taire ou lire dans le temps l'éternité latente; nous pouvons dans le silence ou la parole, aimant, nous porter vers des îles familières, inconnues. J'écrirai toujours un nouveau poème: il sera semblable au commencement. Il nous ressemble en tout.

Le Poème commencé

je reste
avec le ciel toujours
toujours nu plage ou glèbe
entouré envoûté

rumeur enfin qui monte ampleur
de l'arbre où la mer se jette opulente au sein des branches
et se retire
à nouveau se déploie
les feuilles les embruns rafale
elle emplit muette une brève clarté
l'immensité

je suis cet arbre

dans le désir je me perds la durée
sans fin ni départ dans
un chaos danse immobile au fond de ces dunes
au fil des dunes

en l'air très haut se contractant
crissantes

oiseaux mes traces
un charnier d'os blanchis tout de suite ensablés

poursuis

lande au soleil épanouie

mais le vent s'interrompt

il faut en cueillir la fleur là-bas qui se cache
avec les précipices et respirer

matin de givre une première phrase
en suspens
de l'horizon marée basse et blanche

au blanc devenir

à travers le vent qui dépouille
hors du langage obscur

jusqu'à la rose

elle tressaille universelle
à jamais splendide à jamais secrète

au corps donc chaque mot s'impose
à ce pays même
en quoi page après page un corps ne s'est écrit
que pour se tendre ailleurs
vide

PIERRE DHAINAUT

éclat le moindre signe et mort le moindre pas

l'espace

en cette feuille illuminée

En cette feuille illuminée (extract)

JEAN-CLAUDE SCHNEIDER

Murmure intari   tressé
de silences et d'éclairs
où les blancs   plus déchirants
où fuite et montée
suggèrent un niveau
lisière étale
à la disparition des versants

chemin de la colline
qui gravit et se renie
quand la cloche épouse
bouche du calme
l'émoi de l'air   alors
l'accord de la semelle du pied
avec les creux et les bosses
au marcheur de l'ombre la plus dense
et des nappes du soleil

marée alternative
qui fait la vie s'épuiser en une
aigrette de vertige
où tremble
l'illusion du continu.

Murmure intari

JEAN-CLAUDE SCHNEIDER

S'introduire
au cellier, recel d'ombre
dont le carreau est d'ocre
et la craie fait vivre
les aspérités

tourné le dos
à l'étendue agressive
                                        on a
devant le seuil laissé
les usures, rétréci
l'arc des longs regards

plié
à l'usage simple
                                de vivre

la joue
sur les miettes

au bord
de la lampe

avec le bol
dont ce geste lassé
de saisir
            me sépare

hôte provisoire, on est
                                          un autre
selon les mesures du lieu.

le papier, la distance

Ce qu'on espère
c'est qu'après
l'entente entre les péninsules
se fera
          entre les landes
et les routines, les objets
appris par cœur
imbriqués
               à leur place
sous la lumière qui circule
autour

à n'importe quoi
                         se mêler —
le penne repoussé, la rumeur
c'est peut-être
des cloches laissées
en arrière
dans la mémoire

les draps
claquent, dispersent
la blancheur reçue

la cruche, le blanc
réintègrent
leur enveloppe de paix.

le papier, la distance

JEAN-CLAUDE SCHNEIDER

Debout sur l'étendue
s'ouvrant

à ce qui pénètre
et la vue rassasiée

non ce remuement
instable
qui bat nos jours, efface
la phrase qui nous tend —
mais en dessous
ce qu'il borde
et déborde sans y penser:
le presque insignifiant
où le socle
affleure
résistant, usé
autant que les mots
qui ont servi

pour apprendre
l'obstination lente
de cet habitant:
la pierre grise
au milieu du champ

Lieux communs

Les plâtres inchangés
où colle
un peu de nos insomnies,
encombrée

la table
pour les doigts distraits,
le goût du pain
au palais inattentif,
les absences

répétées

retour
aux lieux communs
appris par cœur
qui font vivre

tout cela
dont l'inventaire

rassure
qu'il suffit de lire
et sous l'usure
la marge d'inconnu
dont s'imprégnera
le regard

aussi neuf
difficile
que simplement dire
ce que c'est:
une maison.

Lieux communs

JEAN-CLAUDE SCHNEIDER

Peu de chose
déplacement d'herbe
tiraillement de muscle
que note
ma mémoire en morceaux
heureusement en morceaux
reste
        s'agglomère

                                        la pointe
creuse, gomme
elle corrige
raye
dessin tremblé
tracé illisible à la fin
pas de limite

le bruit
que la bétonneuse
rabâche
                on dirait
la phrase
que la vie entière
se passe
à identifier au gravier
qui s'amenuise.

Un doigt de craie

JUDE STÉFAN

Il est de calmes demeures muettes
et musicales comme il est des rêves
monstrueux oppressants de phagocytes
comme il est des étés de prairies
de soleils couchants et d'ombres
de fulgurants chocs meurtriers.
Il est des matins suaves et pâles
d'après-pluie comme il est des êtres
sans plus d'âme que l'horizon
comme il est de purs chants se haussant
à l'inouï, des batailles grotesques
sous des ciels orageux violâtres.
Il est de pleines méditations
comme des appels sans prière
comme il est des oiseaux d'or et de chance
des nuits d'amour exorcisantes.

Cyprès (*Inspiration*)

A travers le mois de mai
vert rose et bleu tel
prairie entre fleurs et ciel
heureusement l'on dévale vers
la cité d'enfance réconciliant
(quitté l'enfer des êtres
voici briller dans l'écrin

du vallon église et pierre
durables) la maison avec le silence
le jardin avec ses arbres
la chambre avec ses livres
dans la musique de l'oubli.
Alors s'endormir nu em-
brassant l'ombre jusqu'au
crépuscule des tourterelles.

Cyprès (*Enfance*)

Tu peux aimer chênes au bord de l'eau
l'appareillage de vaisseaux de haut bord
une amazone avec son lévrier ou bien
tu peux aimer loin des humains la
campagne anglaise solitairement
où méditer en été de fleurs ébloui
comme tu peux aimer le saut du cheva
la paix d'un moulin ou si tu préfères
légendes du passé songe hautbois
ou sous-bois paysages barbares visages
de reines enfin le souffle d'éternité
qui sur les frondaisons des arbres passe
et l'ivresse du silence comme moi.

Cyprès (*Amitiés*)

Quand sur terre vous dites *la vie*
je vois des flots prêts à rouler
et à tout engloutir. Mais

les cris du léger corps ballotté
n'atteindront pas le Monstre
assis sur le rivage des morts.
Gulliver, Œdipe, Homme
autant de noms pour affubler
qui n'est pas né de la terre
qui n'est point tombé du ciel
qui par exil se noie
ou dont on brûle la chair
l'être privé d'élément.

Cyprès (L'yahou)

Animaux comme les chevreuils en leur
remise solitaire le cheval qui
paît ou sur la poutre la chouette
Vous aussi vivez en corps parfois
de longue vie faits de chairs et
peaux où les yeux feraient croire aussi
à une âme quand Vous nous regardez
comme nous animés mais le silence
Vous sauve de la mort en nous qui parle
accréditant sa puissance et plus justes
Vous passez plus stables ossements sans
souvenirs.

Libères (Animaux)

à L. Guillaume

A l'écart par un dimanche de fête
au village les cloches un cheval
broutant parmi cris épars des oisifs
dans le pur silence l'été quand
on regarde sur l'étoffe posée
brun jaune la vanesse les par-
terres de fleurs ou jeux de silhouettes
dans l'herbe et les arbres sous les nua-
ges épais blancs on est seul et tranquille
et comme son propre souvenir com-
me sa main.

Libères (*Oubli*)

Jeune toute neuve épouse accueille
ce présent de mes yeux: que tu sois
sous toutes faces adorable ma
gemme ma pierre de lune comme tes
yeux ma transparente comme l'aigue-
marine ma turquoise en tes habits
marins ou quand au bal opale je-
tant tes feux tu traverseras mon
attente pleine de cœur au-dedans
que ta pupille se lie à ma pupille
bleuie comme mer ensemble à parcourir
que jamais par effroi je ne te rêve
de jais ni par deuil ni dans la mort.

Libères (*Précieuse*)

Pour tout l'immobile après-midi
parfume-toi d'œillet d'ambre
cercle ton coude d'un bracelet
d'un collier évase ton cou bleu-
is tes paupières et avive
ton œil pare tes lèvres de
sourire rehausse tes ongles
pour la fête nue revêts-toi
de ta plus vive candeur une
dernière fois nous serons l'amour
avec nos mains nos bouches et
notre cœur avant que demain
je ne parte pour le désert
sans femmes vivre chastement
rien moins qu'un an.

Libères (*Satiété*)

Au dernier jour que ne vienne nul ange
sauver d'infect rage ayant pour
néant vécu celui auquel échut
funeste part. Là-bas fuir seul disent
le poète le sage vers le Seul
comme par exemple dans une cellule
de béguine à la cime de soi-même
vers le Bleu du monde l'immaculé!
Pourtant l'inconnue qu'elle soit là
compagne à réfléchir le jour ou
résumant l'ombre que proche enfin

elle assiste y relevant la dernière
mèche au fatal naufrage de l'es-
pérance.

Libères (Gardienne)

A LA NUE

Je te supplie donc pieds et poings
déliés ne te livre plus que
désormais je n'aie plus besoin
de toi de dieu de rien du rien qui
m'obséda par votre corps et votre
ciel ligués qu'ingratement je
puisse rire de moi-même puisque
en son ailleurs lui je l'égale
toi t'ayant solennisée de toi
m'étant fait l'âme tant je t'
ai pratiquée mésusée jusqu'à la
méconnaissance tant de mes yeux
d'enfant diable j'ai fait avec
joie de toi une fille perdue!
Oui je te supplie quand tu feras
(horreur) ma toilette finale
puisque incurablement mortel et
moi t'ai bien rêvée squelette sou-
levé encore vers moi! rappelle-toi
nos rires de chance à nous laver

de caresses plus âpres de savourer
l'immense caducité quand nous nous
étreignions comme s'il était l'heure
déjà que nos faces s'abolissent puis
haletions ayant gagné un heureux port
sous la chasse du Temps: alors aidés
seront tes gestes à se faire moins
pieux et tes pleurs à mieux t'aveugler
pour conjurer ce drap ces pieds i-
noubliables ce crâne fini! Lors
hais-moi Diane du même amour trahi.

(Extract)

DENIS ROCHE

A toute extrémité et de nouveau elle se vit à ce
Thé stupide remisant discrètement ces belles fleurs
Si vaste dans son chagrin était-elle enclose
Qu'à nouveau sans que l'on pût la deviner
Elle se glissa d'un lent mouvement au plus
Épais de la procession
Je suis du doigt l'encastrement où est la
Sorcière de ces divins dimanches mais elle est
Moins bien desservie que l'entrée du parc à
Autruches vers laquelle nous nous dirigerons
Maintenant si vous voulez bien me suivre et
Prenez garde qu'il ne vous prenne fantaisie
D'un léger temps de galop par-dessus les
Fougères. Ici c'est positivement délicieux
Du fait de la grande fraîcheur dispensée par
Les conduites d'eau aériennes. Venez.

Récits complets

de 11 h 52 à 12 h 03
le 7 février 1961

Parlez-moi vite Madame de la ville oubliée
Est-il vrai qu'elle soit une basse-cour
Et qu'y picorent seulement des ballons dirigeables
Le plus grand bonheur est d'avoir un élastique à
Votre culotte

Et qu'il s'y trouve toujours autant d'obscurité
Que c'en est une nuit propice à mes petits voiliers
Je les pousse longtemps du doigt
Infatigables ils ont le roulis de vos perles
Et j'y suis sensible
Comme à un torticolis
Nos bonheurs sont bien les mêmes
Ils vont au-devant l'un de l'autre ce sont les
Lames jointives du parquet
Nous avons ensemble des considérations sur la
Qualité du bois et sur le mouvement de la navette
Parlez-moi vite Madame de vos chaussettes

Récits complets

de 18 h 59 à 19 h 6
le 7 février 1961

Madame je n'ai pas encore rejoint le car de ma
Folie d'érotisme qui est pointant dans le lointain
Comme une barrière à perte de vue que nous verrons
Tous deux en enfilade
Il vient un jour où la poésie doit recommander son
Ame à Dieu le jour où les vaches se regarderont
Avec étonnement où les arbres verts seront vernis
Où Dieu la figure empreinte de malice
Montrera son nez derrière une colline
Sa plume de notaire sur l'oreille
Il suivra des yeux le jacassement des pies
Et aussi surprenant que cela paraisse
Il ne sera plus temps pour moi de prendre le car

Récits complets

DENIS ROCHE

à Philippe Sollers

Quand il lui confie sa gratitude voici
Elle retourne le pouf comme elle devint alors
Dans sa vie une jambe calmement dirigée vers
L'abat-jour qu'il tient à pleines mains
Et le tissu glissant avec lenteur et par petites
Saccades seulement quand elle rit la jambe
Prenant de plus en plus de place dans le cercle
De la lumière et lui qui sourit avec galanterie
Et penche la lampe en la dirigeant vers le
Dessous des feuillages car il est une couleur
Pour le dessus d'une feuille et il en est une
Autre qui est plus claire et pour ainsi dire
Colmatée pour le dessous de la feuille et il
Cherchait présentement la légère veinule qui
Pour elle comme pour les feuilles mène vers
La pointe.

Récits complets

Il s'agit d'hommes qui scient les branches, guidés
spontanément ils viennent de là nostalgiques vivants
dans l'ombre ils seront les profonds premiers êtres
à prédire à guérir à n'être déjà plus qu'enfin de
simples personnages trompés... remettant la lumière,
une portière à droite s'ouvre, ainsi je pense qu'ils
sont comme des scieurs de murs prêts des sous près
de la nourriture qu'ils ont déposée sur les créneaux
Et pourtant l'habitude permet une certaine sorte de

Familiarité (un réveil à intervalles réguliers de
l'esprit qu'il ne sert à rien de croire une erreur
définitive, mes monts, mes pendeloques, mon in-
transigeance ne me donnent que de faibles clartés
sur l'idée d'une chaleur possible d'église.)
Je fais avec elle de longues promenades et nous
abordons de nombreux sujets qui concernent aussi
bien l'origine que la fin.

Les idées centésimales de Miss Élanize

LA VACHE

La vache de l'ignominie (quelle nature n'est
Ignominieuse?) fait aujourd'hui bombance,
Comme les couleurs dansent aux yeux de concom-
Bre. Les anglais, qui disent cucumber, entrent
En chuintant, dans le mirage de la toile. Il
N'y a pas de plus beau pupitre qu'un tableau.
Ainsi, de voir longuement une toile uniment
Jaune et de teinte très douce, peut faire
Dresser dans l'œil sujet à la tentation
Quelques cartons rouges de foire, un miroite-
Ment bleu de cavalcades brisées et reprises.
C'est un soulagement de ne pas voir sur les
Toiles les couleurs seules que le peintre a
Vécues, et d'en tirer butins et éclats, par
Le biais d'échappées sans cesse croisées,

Tordues. La perception par vallées creuses
A l'intérieur de leurs couleurs qui se tiennent
Là par la grâce de mélancoliques épaules.

Les idées centésimales de Miss Elanize

   Le verbe ayant produit l'ortie   du lyrisme!
Se trouva fort dépourvu quand l'aile flancha
   En vain nos chasubles lyriques
En souffletaient-elles la poussière eau de rose
   L'amie d'la lyre s'accroupit
Descendant l'Helicon repue, répudiée.
   Baisant l'étrangère aux seins
Je les suis dans la lunette de mon fusil
   Rêvant de vers empilés:

   "Père rédacteur en chef
à la tête cassée, mes cailloux étaient-ils
   si podagres, assis plus caillasses
que polders et mes villages donc longs gorets
   Cal du visage et des chenilles
attrapant à la course quelque minotaure
   trop enflammé mais crédule
celui qui mangeait vierges et ruines, fromages"

Éros énergumène

Finirait-elle par rentrer chez elle seulement
La volupté secrète inconsciente, à la nuit ce
Serait même quelqu'autre état de vassalité?

A se fuir mutuellement et ne sachant rien l'un de
L'autre. Les champs sont les endroits où se font
Des récoltes. L'altitude insolite ne lève pas sa
Patte ni pour nous assurer que l'engrais est
Devenu, cette année, meilleur que l'an dernier ni
Pour que verte et rouge s'étende la voilette nocturne
Où nous traversons les fers
Un problème que la science n'arrive pas à résoudre
Vous avez pris de si jeunes sarments de peur qu'à
Nouveau elle ne s'en aille avec le poulain rivée
A cette encolure droite et noueuse qu'elle serre
De ses bras véloces, et à laquelle flotte la crête
Violacée, bannière que le sang empêche de claquer

Éros énergumène

JEAN-PHILIPPE SALABREUIL

CHIFFONNERIE

pour Jacques Brenner

Ces poèmes-là
J'en ferai des serpillières
Pour éponger voyez-vous ça
Le lait renversé des neiges

La poésie ne sert à rien
Je ne tricote pas le monde
Je rechiffonne le terrain
J'essuie la lune entre les tombes

Eh bien à force de fourbir
Quelque chose reflamboie
Je ne sais quoi de clair sur la lyre
Je ne sais quoi d'aurore sur les croix

Oh pas fort pas dru pas libre
A peine encore un frais printemps
Mais ça va venir ça va venir
On entend chuinter le balai de l'ange

Ôte-toi laisse-moi rêver
Disait le vieux Théophile

Je sens un feu se soulever
Ensuite disait-il

Et la lumière
Depuis ce temps-là
N'a pas changé sa manière
De nous brûler je trouve moi.

La Liberté des feuilles

JE T'APPRENDS A MOURIR

Non pas en face jamais ainsi
Une épaule d'abord et puis l'autre
Tête légère et basse et presque assise
A petits cris doucement tu entres
Et voici l'ombre t'a saisie
Te souvenant que tu n'existes pas
Qu'il n'y a plus les eaux qu'il n'y a pas
Encore un feu qui ont chanté qui chantent
Et chanteront tout au long de l'oubli
Peut-être avec l'érable aux lentes branches
Et plein d'oiseaux pour te remplir
Mais nul regret surtout nul repentir
Qu'importe à présent si je t'aime qu'importe
Les paroles jetées perdues car tu n'emportes
Avec toi qu'un peu de cendres pour là-bas
Qu'un peu de larmes sans détresse

Il te suffit de ces deux doigts dans les deux doigts
De celle qui t'apprête qui te presse
Et mort ou volupté n'a pas choisi son nom
Il te suffit d'aller sans souci corps et âme
Au-delà de ce temps de vivre et d'être femme
Avec légèreté maintenant transparence en dehors
De tout regard ici ou là pour être nue
Puisque déjà le jour ne te distingue plus
Puisque la nuit devant ne t'attend pas encore.

La Liberté des feuilles

DANS LA HAUTE ANNÉE BLANCHE

Dans la haute année blanche des couronnes
Jetées en craie au ciel de cendres comme
Une tour serait tremblante immaculée de chaux
Par le couloir brisé des branches comme une lampe
Au fond doucement ronde et le lac est plus beau
Plus clair où elle tombe ô fine tempe
A mon épaule je t'aimais fragile ainsi
Radieuse ainsi et menacée mais toute aussi
Dans l'instant secourue plus belle ici vivante
Guérie sans le secours de vie ni de beauté
Mais secours de mort et de force obscure lente
(Un désert d'ombre montait au mont du jour d'été)
Je venais je trouvais chemin d'or et de poudre
Au-dessous du passé tourmenté sans résoudre

Le temps ni l'étendue perdus j'ornais venant
De larmes closes l'avenue dès lors fleurie
Je revins il n'est rien de sauvé revenant
Je m'égare à des bords de chute et de furie
Ce n'est que peu qui se maintienne où tout est condamné
Je m'enfonce vois et me perds un gouffre m'est donné
Le soleil en ombrages brûle des bois dans l'âme
Un seul mot désertique épuise le champ du jour
Et l'onde est montée boire aux barques couronnées de
flammes
(O combat disais-tu sans fin de l'eau contre le feu)
Je ne t'ai pas trouvée tombé au même amour
Où tu dors allongée dérivante en quels cieux
Je ne peux plus finir un rien me recommence
Une nuit te prenait la mort la terre un monde éteint
Je t'ai cherchée du côté clair de l'avenir immense
Tu portais signe d'aube à la tempe je me souviens.

Juste retour d'abîme

NOËL

Noël ô que ce soit encore élevé
Dans la nuit jusque nos mains (tremblantes
Rassemblées) ce beau visage de la lente
L'enfantine neige aux astres en colliers!
Le rêve me venait comme le chant très vite
Étincelant de joie dans l'ombre quand te quitte

Emporté par le ciel un oiseau suppliant
Mais je m'éloigne tu le sais je n'emporte
Aussi bien que l'oiseau que le cri de la morte
(Pour tous rêves et chants) que l'angoisse des temps
Voici l'ombreux chemin tout à coup dans l'âme
Solennelle éclairé de flocons et des larmes
D'hier aux flambeaux sous les sapins muets
Pourquoi soudain cette lueur d'enfance
Au creux de l'être où je ne voulais plus jeter
Mes yeux blessés pourquoi telle innocence?
Il y a joie terrible de souffrir au fond
D'un cœur lugubre et je ne voulais pas (non
Je ne pouvais plus) revoir la belle étoile
De Noël assembler la clarté de ses voiles
Et suffocante de lumière au-dessus
De la terre en sanglots se tendre vers la grâce
O pourquoi n'es-tu venue que si tard j'ai su
Combien est douce une main tendue sur la trace
Du vide et comme aussi parfois dehors
Une appelante voix s'élève en l'extase de l'or
Et tout ici parfois semble revivre
Aux cimes lavées d'aube de l'espirt clair
Il a suffi de cet amour et dans l'hiver
Aux nappes de blancheur te comprendre te suivre
Et rien devant la mort n'est resté sans appel
(Mon épaule t'accueille amante de Noël.)

L'inespéré

J.-PH. SALABREUIL

LA TORCHE ROUGE

C'est elle encore une fois dernière et vaste d'oraison rouge c'est! L'âme d'elle toute ravie la triomphante ailée! Comment reprendre terre dans le silence avec tous les bois noirs? Et c'est ne pas savoir comment taire la tendre amère voix de la torche du vin dans les gorges du ciel. Ainsi le soir a tombé pour finir. Un paysage de forêts pourpres me l'offrit encore. Elle montait belle empourprée comme la purpurine d'hiver sans neige entre les pensées noires d'humus anxieux. Une heure elle tint contre l'oubli désert de la promenade sous les pins. Puis elle se replie dans l'être à ce point d'étoile d'or alternative. Une lueur de loin: parfois la couronne des nuées l'accorde. Ou bien n'est-ce que larme de sang d'un œil sur les deux ouverts de Dieu? Lors je ne prolonge pas la promenade sous les pins. L'oubli désert! Ce sont les murs de craie longés pour le retour. Puis les plâtres d'abandon de cette chambre solitaire. Et la prise de congé par des mains tremblantes sur les globes de l'or d'été. Oui. Tout ne fut qu'embrasement d'ivresse rouge. Ai-je bu tant de vin sur le monde qu'il brille ainsi rouge toujours? Tout sera de cette pourpre peint qui la produit plus belle que l'amour. Jusques et tant que les jours teignent de sang le mufle oubli qui la dévore. Ô le temps s'aventure bien loin devant les feux de chasses du confin! L'esprit s'évade vers les sphères dorées du dessus des forêts aux beaux jours. Mais le méchant souci pourpre de mort flamboie par mille sous les pins du parc à l'abandon. Car il n'est pas de fin des eaux fécondes sous la menace du rouge humus. Le soleil blessé descend le flanc de la montagne d'univers. La joie du vin dans l'auberge du gouffre se fait plus grave. Et dans la salle déserte où les verres emplis flamboient: nulle main qui les prenne et point de lèvres en fièvre! Tout ici me disait "solitude". Il n'y a plus de feu sous le manteau des pierres du torrent de l'âtre. Mais je me verse d'un dernier vin sous la console où la lampe a paru. Et c'est en elle que je vois la beauté de la vie! (L'ange se tient debout devant l'allongement des ombres sur la vie. L'être se lève et dans le noir silence chante la vie. Entre eux flamboie la robe rouge de l'aimée qui est la vie.)

L'inespéré

JEAN DAIVE

DÉCIMALE BLANCHE

j'ai erré
entre refus et insistance
regardant par la terre

neiger
le nom défaire la forme
la fonte l'avalanche
                                        refaire l'absence

—

perdue dans la contemplation de sa fin
la négation se détache d'elle-même

et commencement dans le commencement
l'eau qui la rêve
et la dispose dans le dédale de l'invisible
cherche la lisse perfection de la mer

sur les sols (les séjours)
qu'un obscur appareil inonde
glisse un linge d'eau
qui métamorphose le savoir
en loque élémentale

—

il substitue l'espace à un meuble
qui contient toute la lumière
il en ouvre les tiroirs infinis
les habite
les ferme
et monte monte
jusqu'à la chambre close
où le ciel cherche ses astres
et la lune ses marées

—

je me lève du fond de ma ressemblance
à la limite de l'énigme

soir après soir
j'ai disparu je disparais

elle s'éblouit
elle tombe dans le tissu du froid

—

je vis s'évanouir sous le vent
la dernière lueur le dernier soir
dans le prolongement de la lumière

alors l'aile fut plus lente
et l'angle plus large

en travers du ciel
la tache déplia l'arbre l'eau

de l'autre côté
nulle feuille

Décimale blanche (extracts)

j'étais
        porosité
vivante   votre
neigeuse incertitude
votre
neige   aube
et
tombée
entre vos doigts entre
vos corps
par-dessus vos voix
vos tempes et
tombée par-dessus vos
bouches
fermées pressées
fendues
comme le temps

blancheur
ô blancheur des années
longues
et
sirènes

blancheur
des
nuits

blancheur
des
langues

JEAN DAIVE

blancheur
des voix
qui
hantaient
vos ombres

horizons   corps étendus
seuils brisés   corps enroulés
autour de vos tempes
pleines de terre
et de ciels
solaires noires meurtries

traversant   nom
traversant   cri

puis

traversant   plage
chargée de corps et d'heures

ne
soulevant ni ombre
ni
silence

j'enfonçai   langue

talon
dans le néant

Le cri-cerveau (extract)

de la terre
se répand dans le corps
terrifié
de l'invisible
puis
de l'espace
criblé d'horizons cellulaires et
projetant
au-dessus de la peau
presque noire au-dessus des membres
immobiles
une ombre exténuée
blanche
et
comme un mot-diffraction
orienté
par une flèche de silence
de lumière
du côté
du chiffre de toute négation
ombilical

Le cri-cerveau (extract)

les angles
de pente   les angles de
site se réduisent
en gisements d'horizon

le sol est un objet pliant   le ciel
une lecture démontable
instrumentale

je frappe   je
frappe
tel
ou tel nombre de
coups   nivellement déplie
des sommets d'enchaînements
et
d'écarts
je franchis
des équations d'ouverture   je grandis
en échelle et direction où
s'insère la
verticale du lieu

voix   par morsure   diffuses
du cerveau

voix

je m'éloigne   j'émerge

de l'être tellurique
par
la voix

criangulation

L'Absolu reptilien (extract)

JEAN DAIVE

TOUT—LANGAGE MÉTRIQUE—SOLEILS ALPHABETS SAVOIRS

Ce qui meurt et ce qui mourait: le côté de l'homme, le côté de la machination. Et ce lieu—reptation du langage—réduit à l'espace qui désespère de l'au-delà dans la parole humaine. C'est que la folie était à ce lieu, qu'elle frappa Figure Présence Arbre afin d'épancher le signe-regard et n'en avancer dans l'esprit que secrets—écartés—en langage métrique: Soleils Alphabets Savoirs: Nuls. Quant à ce fantôme de toute face étendu aux mondes, lui-même se retira ne laisser aux lèvres que l'usage et à l'habitude un abîme pour l'éternité vivant comme bouche d'une lèvre blessée: entropie croissante, abîme encore, éternité vive enfin, d'éternité et de chair devenue bec de lièvre unique.

Criangulation (cxtract)

NOTES

NOTES

ROBERT MARTEAU (*1925*)

Robert Marteau was born on February 8, 1925, at Villiers-en-Bois in the department of Deux-Sèvres, and educated at Niort. He has lived for periods in Spain, attracted by his passion for bullfighting, and the work of Góngora which he has translated. In 1965, in Canada, he made a series of films for Canadian Television on modern French painters—Bissières, Bertholle, Le Moal, Singier, and Lurçat—and broadcast talks on Pierre-Jean Jouve, Bullfighting, Alchemy, and the Troubadours. He went to the United States in 1966 on the invitation of Harvard University; and to Yugoslavia in 1968, where he made a film for television on the Byzantine frescoes of Kurbinov. He has also translated and published the poems of the Yugoslav writer Miodrag Pavlovitch.

Although he had been a contributor to *Les Cahiers du Sud* and *Les Lettres Nouvelles* between 1952 and 1954, and had become a member of the editorial board, as well as art critic, of the review *Esprit*, his first volume of poems *Royaumes* did not appear until 1962. This was followed three years later by *Ode numéro 8*, published in a de luxe edition and incorporated the next year in *Travaux sur la terre*. His most important volume, *Sibylles*, appeared in 1971.

The poetry of Robert Marteau represents one of the enduring aspects of French literature, but its affinities, in form and to some extent in content, are closer to the sustained eloquence of Claudel and Jouve than to the *art bref* of René Char and André du Bouchet. But Marteau does not belong to any school or group, and his vision is entirely personal and original. He sees the external world as part of a 'réalité organique et vivante', to which the immortal spirit of gods—and God—gives life and validity. In his animistic universe, at once pagan and Christian, the salamander and the snail, the phoenix and the magpie, Athena, Isis, and Christ exist as simultaneous witnesses of spiritual life. Marteau, like Baudelaire, understands the language of flowers and silent things, and he too receives oracular messages from the invisible world. For him, however, these are not 'correspondances' in a literary creed, but the indestructible evidence of man's hunger for life, 'l'alphabet même de notre faim'. In *Sibylles*, where he shows an acute concern for the modern world, he uses myths and legends to point the contrast between the hot anger and ruses of the pagan gods, and the 'rage froide' and calculated tyrannies of twentieth-century man. The work of Robert Marteau, an authentic 'voyant', is dominated and unified by a search for the 'perfect poem', which shall be not simply an aesthetic product, but the union of 'la parole' and 'le Verbe', even if this implies the ultimate disappearance of art and literature. 'Toute quête, c'est-à-dire toute vie' he declares 'est quête de ce poème-là, dont la poésie n'est souvent que l'ornement, parfois le masque, parfois encore le vêtement nuptial et la robe de deuil' (*Preuves*, No. 191, July 1967).

BIBLIOGRAPHY

Royaumes (1962); *Ode numéro 8* (1965); *Travaux sur la terre* (1966); *Sibylles* (1971).

CONSULT

M. Deguy, 'Robert Marteau, *Royaumes*', *La Nouvelle Revue Française*, No. 124 (April 1963), pp. 720–1.

A. Marissel, 'Robert Marteau', in *Poètes vivants* (Millas-Martin, 1969), pp. 99–103.

C. Audejean, 'Robert Marteau', in *Littérature de notre temps* (Casterman, 1970), recueil iv, pp. 145–8.

NOTES

Marins

lines 19–20: In a letter to C. A. Hackett, Marteau wrote: '...l'image qui s'est imposée à moi est que les méridiens font une cage comme celle d'un oiseau, ou plutôt d'un écureuil, que les marins tournent prisonniers et que limant les barreaux par leur incessant voyage circulaire ils ne parviennent pourtant pas à *couper* ces barreaux et à s'évader — où?'.

Pays je m'agenouille...

The concluding section of *Royauté*.

Là-bas

This sombre evocation, inspired by the Vendée region, is in striking contrast to the luminous world of *Royauté*.

Hommage à Gustave Moreau

From *Travaux sur la terre*, which contains two other sonnets inspired by painters—El Greco and Zurbaran. Gustave Moreau was much admired by the symbolists, and later by the surrealists, in particular André Breton, who regarded him as a 'grand visionnaire'. The poem is a faithful evocation of Moreau's complicated symbolical paintings.

line 14: *chimères*: this word sums up the visionary nature of Moreau's work, which includes individual pictures entitled 'Chimère', 'La Chimère', and several studies 'Les Chimères' (inspired by Nerval's poems).

Faena de Capa

The title is a bullfighting term meaning 'work with the cape'. Rhetoric is skilfully used to renew an old theme. The anaphoras and the closed sonnet form emphasise the shape and the symbolism of the bullring (the world) and the heart (the place of truth). The symbolism of time is made explicit in line 12.

Laissez qu'au moins j'accomplisse le rite...
The first part of a long poem 'Sibylla Sambetha'. According to legend, the Sibyl of Sambeth was the daughter of Noah, the oldest of the sibyls, and supposedly the one referred to in the *Dies irae*: 'Teste David cum sibylla'. Marteau's poem was, however, inspired by Hans Memling's portrait of a woman known as the Sibylla Sambetha (once thought to be a portrait of Maria Moreel), now in the Memling Museum at Bruges. Hence the references in the poem to canals, weeping willows, Ostend, the sea.

lines 6–8: the cycle of death and resurrection ('si le grain ne meurt') and also, as Marteau has stated, 'descente aux Enfers pour accéder à la lumière vivante du verbe — Gilgamesh, Orphée, Oedipe aveugle, Ulysse, Jésus, Dante'.

line 19: *le bouvreuil*: the bullfinch, symbol of those who are afraid to endure and live the crucifixion of the spirit, is opposed later in the poem (lines 46–8) to the goldfinch, symbol of the Passion of Christ.

LORAND GASPAR (1925)

Lorand Gaspar was born on February 28, 1925, at Marosvásárhely where he was educated and lived until 1943, when he was mobilised in the Hungarian army. He was sent to the Russian front, taken prisoner, and deported to Germany. Two months before the end of the war he escaped and, after what he describes as 'une "promenade" de 400 kilomètres', arrived in Paris. He took French nationality in 1950, qualified as a doctor and was appointed *chirurgien chef* at the French hospital in Jerusalem. In 1970 he left to take up a similar appointment at the Charles Nicolle hospital in Tunis.

His first volume of poems, *Le Quatrième État de la matière* was published in 1966 and was awarded the Prix Guillaume Apollinaire. Two years later *Gisements* appeared, and a third volume, 'un long poème du désert', entitled *Sol absolu* has been completed. He has also written two books on Palestine, and has translated poems by Rilke and Seferis.

Lorand Gaspar is an independent writer and, unlike most French poets, he has neither published an *art poétique* nor made any pronouncements about his aims and intentions. The statement he has made about *Le Quatrième État de la matière* explains, however, not only the title but suggests the range and subtlety of its theme which, continued and deepened in *Gisements*, acquires in *Sol absolu* an epic quality: 'Si le désert est l'espace où l'on se découvre seul, on s'y reconnaît en même temps solidaire du silex et des étendues de lumière, de ce courant secret qui va du minéral à l'homme et de l'homme aux galaxies lointaines'. Gaspar is the poet of the desert, of real deserts which he knows intimately, and of the desert as an emblem of the human condition. In his work the desert is an unusually complex and rich symbol which is used to express ambivalences and conflicts, man's inextinguishable ambition and his insignificance, the greatness and the pathos of our destiny as 'conquérants brefs du matin de vivre'. One is reminded of Saint-John Perse's theme of exile, also set against desert landscapes and vast solitudes; but in Gaspar's poetic universe, at once geological and metaphysical, one is more conscious of the depth and mystery, as well as of the splendour and aridity, of the natural world.

BIBLIOGRAPHY

Le Quatrième État de la matière (1966); *Gisements* (1968); *Sol absolu* (1972).

CONSULT

M. Alyn, '*Le Quatrième État de la matière* de Lorand Gaspar' in *La Nouvelle Poésie Française* (Morel, 1968), pp. 199–200.

A. Marissel, 'Lorand Gaspar' in *Poètes Vivants* (Millas-Martin, 1969), pp. 93–5.

NOTES

Nous étions en train de construire un langage...
First published in *Siècle à Mains*, No. 9 (1967).

Et tout de même...
The conclusion of the last section, 'Eaux désertes', of a long poem first entitled *Arabie Pétrée, déserte et heureuse*, and subsequently published as the volume *Sol absolu*. The complete section first appeared in *La Nouvelle Revue Française*, No. 211 (July 1970) under the title 'La Mer morte'.

lines 11–14: *Celui qui — Celui qui*: The two Celui are respectively the God of the Bible and the God of the Koran.

line 14: *Celui qui le créa de sang coagulé*: There are several references in the Koran to the creation of man from a clot of blood, in the chapters of the Believers, the Resurrection, Man, Congealed Blood.

line 18: *ptéroïs*: Gaspar writes: 'le Ptéroïs est un ravissant-effrayant poisson (avec ses dix-huit dards poisonneux) que l'on rencontre en plongeant dans les récifs coralliens sur les côtes d'Arabie'.

PHILIPPE JACCOTTET (1925)

Philippe Jaccottet was born on June 30, 1925, at Moudon in Switzerland. After obtaining his degree in Arts at the University of Lausanne in 1946, he went to Paris where for seven years he represented the Swiss publishing firm of Mermod. He became a regular contributor to the *Nouvelle Revue Française*, and in 1947 published his first volume of poems *Requiem*. In 1953 he moved to Grignan (Drôme) where he now lives. Between 1954 and 1971 he published ten more volumes. Four of these consist entirely of poems—*L'Effraie et autres poésies*, *L'Ignorant*, *Airs*, *Leçons*; three are prose texts interspersed with poems or *poèmes en prose*—the first and second editions of *La Semaison*, and *Paysages avec figures absentes*; and three explore in narrative form ideas on poetry—*La Promenade sous les arbres*, *Éléments d'un songe* and *L'Obscurité*. Jaccottet has also published translations of works by the following writers: Homer, Novalis, Hölderlin, Musil, Ungaretti, Montale, and Carlo Cassola; studies of Rilke and the Swiss writer Gustave Roud; and *L'Entretien des Muses*, critical studies of contemporary French poets.

Jaccottet's first two volumes, and even *L'Ignorant* (his modest term for the poet), seem traditional in both style and content; but the affirmation, dated March 1962, in *La Semaison*: 'A partir du rien. Là est ma loi. Tout le reste: fumée lointaine', announces a new stage in his development. Rejecting all evasions, whether memories, dreams, the unconscious mind, or religion, he admits the absence of certainty in life. This acceptance of 'nothingness' is accompanied, not by protestation or lament, but by complete fidelity to personal experience, and a precarious faith in 'notre monde' and 'notre vie', and in the present, 'ce présent qu'il faudrait saisir comme la flamme'. In brief poems, as limpid as the Japanese *haiku* that have influenced him, he 'seizes' the evanescent sensations received from nature's changing shapes and colours. With delicacy and firmness he touches on ('expresses' would be too emphatic a word), or 'sounds', in muted *airs*, eternal themes of beauty, transience and death. Some of his poems are flashes of illumination in which the antitheses and contradictions, inherent in all human themes, are momentarily transcended; and each volume has marked a significant development in the work of one of the most sensitive and profound poets now writing in France.

BIBLIOGRAPHY

Requiem (1947); *L'Effraie et autres poésies* (1953); *L'Ignorant, poèmes 1952–1956* (1958); *La Semaison, carnets 1954–1962* (1963); *Airs, poèmes 1961–1964* (1967); *Leçons* (1969); *Paysages avec figures absentes* (1970); *Poésie, 1946–1967* (1971); *La Semaison, carnets 1954–1967* (1971).

CONSULT

O. de Magny, 'Philippe Jaccottet', in *Écrivains d'aujourd'hui, 1940–1960* (Grasset, 1960), pp. 295–9.

J. Borel, 'Philippe Jaccottet, poète de l'insaisissable', *Critique*, No. 180 (May 1962), pp. 405–16.

J. Borel, 'Philippe Jaccottet, *Airs*', *La Nouvelle Revue Française*, No. 175 (July 1967), pp. 126–9.

NOTES

J.-P. Richard, 'Philippe Jaccottet', in *Onze Études sur la poésie moderne* (Seuil, 1964), pp. 257–76.

P. Broome, 'Philippe Jaccottet's "Negative Theology"', *Australian Journal of French Studies*, No. 1 (1968), pp. 121–32.

Sylviane Agacinski, 'Philippe Jaccottet', in *Littérature de notre temps*, recueil iv (Casterman, 1970), pp. 125–8.

J. Starobinski, '"Parler avec la voix du jour"', preface to *Poésie 1946–1967* (Gallimard, 1971), pp. 7–22.

Jaccottet's prose work *La Promenade sous les arbres* (Mermod, 1957) contains numerous comments on poetry and on his *art poétique*. See also *Éléments d'un songe* (Gallimard, 1961) and *L'Obscurité* (Gallimard, 1961).

NOTES

Diamant, diamant, diamant...

Requiem, dedicated to the Swiss writer Gustave Roud, consists of three sections, 'Dies Irae', 'Requiem', and 'Glorial'. *Diamant, diamant, diamant* is from the middle section.

Sois tranquille, cela viendra!...

From *Quelques sonnets*. The originality of this sonnet lies in the sense of immediacy that is given to the theme. Each word we read, write or speak brings us nearer to death. A similar idea is expressed in *La Semaison*: 'je recommence à marmonner contre la mort sous sa dictée'.

line 2: *tu brûles*: an allusion both to the fire of death, and to the joyful cry in a game 'you are getting hot!' The play on meanings emphasises the irony of 'sois tranquille'.

Le Secret

lines 1 and 2: compare 'Fragment d'un récit' in *L'Effraie et autres poésies* where Jaccottet declares 'les oiseaux journaliers me sauveront peut-être'.

Beauté: perdue comme une graine...
Dated March, 1962 in Jaccottet's poetic notebook, *La Semaison*. Beauty at once fragile and tenacious—the beauty of natural things, the spirit, words, and human endeavour—is the main theme of his work.

Sérénité...
Although not obeying the formal requirements of the *haiku*, this text has qualities similar to those of the 17-syllable Japanese poem.

Le Pré de mai
In this prose poem, while remaining faithful to his dominant theme of the wonder and brevity of life's festival, Jaccottet displays uncharacteristic boldness in the use of sustained surging rhythms and vivid colour, like a painter who has suddenly changed his palette.

JEAN PIERRE FAYE (1925)

Jean Pierre Faye was born on July 19, 1925, in Paris. He was educated at the lycée Henri IV, and at the Sorbonne where he obtained the *agrégation de philosophie* in 1950. After teaching philosophy he decided to write and soon became known as a novelist, playwright and critic. In all his writing, however, he is a poet, and his first poems were published as early as 1945 in *Les Cahiers de la Table Ronde*. Since then he has published two important volumes of poetry *Fleuve renversé* in 1960, and *Couleurs pliées* in 1965; a long poem *Plans du corps* which appeared the same year in *Tel Quel* (No. 21); and two sequences of experimental poems, the first entitled *Le Change* (1968) and the second *Verres* (1970). These experimental poems appeared in the review or 'collectif' *Change* (Nos. 1 and 6) which Faye founded in 1968 with Jacques Roubaud, Maurice Roche and Jean Paris in opposition to *Tel Quel* with which he had been associated from 1963 to 1967. Faye has translated the poetry of Hölderlin and he is also a keen student of English literature, being particularly interested in the work of Gerard Manley Hopkins.

NOTES

For Faye, language is ceaseless activity, 'vivant' and 'mouvant'; and his poetic work could be defined by his own expression as a 'fête fermée qui n'a pas de fin'. There are no definite and separable themes in his poems, for he is concerned with all aspects of a totality; with surfaces, shapes, planes, perspectives, textures, and relationships or 'rapports de rapport', as he calls them; with what joins, links and unites, but also with what divides and separates; with the hidden source as well as the visible stream; in fact, with the ever-changing play of patterns, tensions and forces in the world of nature and of man. Even the unusual typographical features in his work seem a necessary part of this complex totality (in order to read several poems in *Couleurs pliées*, for example, the book must be turned round, or to right or to left). While Faye shares the contemporary preoccupation (which derives from Mallarmé) with typography, the arrangement of words on the page and the white spaces between and around them, the language in *Fleuve renversé* and *Couleurs pliées*, and also in the more experimental texts such as *Le Change* and *Verres*, is not only analytical but also concrete and sensuous. He has found in the work of Hopkins certain qualities, notably what he terms 'cette sorte de *physique* du sens' that are lacking in French, a language which, in his view, is too abstract. But his universe, unlike that of Hopkins, is a 'fête fermée', in which there is no God to give transcendent meaning to the evocation of pied beauty and dappled things.

BIBLIOGRAPHY

Fleuve renversé (1960); *Couleurs pliées* (1965).

CONSULT

M. Alyn, 'Jean Pierre Faye', in *La Nouvelle Poésie Française* (Morel, 1968), pp. 193–4.

C.-M. Cluny, 'Jean Pierre Faye', in *Littérature de notre temps* (Casterman, 1969), recueil iii, pp. 85–8.

NOTES

A. Jouffroy, *La Fin des alternances* (Gallimard, 1970), pp. 145–53, and pp. 281–306.

See also Faye's critical essays in *Le Récit hunique* (Seuil, 1967); his manifestoes and studies in *Change* (Nos. 1, 2, 4 and 5); and his article 'Linguistic Signs and Monetary Signs', *Times Literary Supplement* (September 25, 1969), pp. 1053–4.

NOTES

2.22 3.1

par là, par là justement le raccourci vers...

By numbering his poems instead of giving them individual titles, Faye emphasises their interdependence. This particular poem is at once the last in a sequence 2.1 to 2.22, and the first in a short concluding series 3.1 to 3.3. As in many of his other poems, the alliteration, assonance, and the movement—a kind of 'sprung rhythm'—are reminiscent of Hopkins. The numerous nautical terms, as well as the latent theme of death, make one think of *The Wreck of the Deutschland.*

LOUISE HERLIN (1925)

Louise Herlin was born in Cairo of Italian parents on December 4, 1925. After a school education in Brussels, she went to the University of Florence where she graduated in 1948, writing a dissertation on Valéry. She then lived for two years in London, working at the BBC; and later studied English literature at the Sorbonne. She spent two years in the United States, and returned to Europe in 1955. She settled in Paris and is married to the writer Georges Auclair. Her first volume *Le Versant contraire*, published in 1967, was described by the poet and novelist Henri Thomas as 'une œuvre majeure'; and this was followed by a second volume *Commune mesure* in 1971. She has also published translations of poems by Montale, and Mario Luzi; and she is now planning to collaborate in a translation of the works of W. B. Yeats.

NOTES

The two inseparable sources of inspiration in Louise Herlin's work are 'le vécu' and 'le versant contraire'. By 'le vécu' she means reality; and by 'le versant contraire' language, or rather as she herself defines it 'le lieu du travail poétique, qui se fait, certes, dans et par le langage, mais le déborde en amont et en aval' (letter to C. A. Hackett). *Le Versant contraire* and *Commune mesure* form part of a patient quest for what is described as 'une commune mesure entre les mots et la réalité — une irréalité — qui toujours leur échappe'. The term 'mesure' applies to the metres and rhythms, and also to the restraint, control, and apparent serenity which they express. One of her poems begins 'L'œil sait...'; and an eye that *knows*, because it thinks as well as sees, can reveal in landscapes, places, and objects, a network of relationships at once precise and unexpected. Everything, even what is latent and mysterious, is observed with a sensitive and lucid intelligence. The significance of the commonplace, the eternal in the transient, so subtly expressed, are part of a vision, tenuous and at times precarious, to which Louise Herlin has been consistently faithful.

BIBLIOGRAPHY

Le Versant contraire (1967); *Commune mesure* (1971).

CONSULT

H. Thomas, 'Louise Herlin, *Le Versant contraire*', *La Nouvelle Revue Française*, No. 176 (August 1967), pp. 317–20.

NOTES

Sommeil
From the fifth section 'Thèmes'. First published in *Le Nouveau Commerce*, No. 17 (Autumn 1970), the only *variante* being 'marchand' in the second line instead of the more subtle 'semeur' of the final version. Compare Corbière's 'Litanie du sommeil', of which there

are echoes in the fifth and sixth stanzas, notably the expression 'éteignoir... de remords'.

line 36: *le sable*: a reference to the 'marchand de sable' of French children's stories and cradle-songs.

JACQUES DUPIN (*1927*)

Jacques Dupin was born on March 4, 1927, at Privas (Ardèche). He settled in Paris in 1945, and after studying Law and Political Science, he turned to poetry and art criticism. The importance of his first poems, published in 1950, was at once appreciated by René Char who wrote: 'Tout de suite on a accordé à ses poèmes l'importance que l'on aurait justement refusée aux confidences d'un simple mal d'enfance'. Dupin's two main volumes are *Gravir*, which contains most of the poems composed between 1950 and 1962; and *L'Embrasure*, which comprises poems written between 1963 and 1968. He is a member of the editorial board of the review *L'Éphémère*, and director of the Galerie Maeght publications. He has himself published studies on Giacometti, Miró, and Tapiés; and in 1971 he organised the René Char exhibition held first at the Fondation Maeght in Saint Paul-de-Vence and later at Paris. His preface to the catalogue of this exhibition throws light not only on Char (a major influence in *Gravir*) but also on his own view of poetry.

In his impressive evolution from *Cendrier du voyage* (1950) to *La Ligne de rupture*, published twenty years later in *L'Éphémère* (No. 15, 1970), Jacques Dupin has given fresh richness and dignity to the conception of poetry as a spiritual and metaphysical journey. The context of his particular journey is the 'versant abrupt' where, paradoxically, he finds the greatest freedom; and the 'chemin frugal' where, unexpectedly, he discovers the vital source of his inspiration. Yet the paradoxes, ambiguities, and antagonisms in his work ring true, not only because they are rooted in the universal figure Dupin calls 'l'homme divisé', but because they have been profoundly felt and tested by the poet himself. In the same way, the eruptive violence and the moments of intense calm in his 'lyrisme de la matière' seem both highly personal and an expression of earth's primeval forces. While these human and organic aspects remind one of Baudelaire, certain recurrent motifs in his complex work are reminiscent of Mallarmé: absence, purity, the whiteness of the page, the act of writing, and the 'visibility' of the poem. Dupin's main preoccupation has no doubt been with his endeavour to wrest from a hostile environment, and to express in words, something of value; even if that should prove to be no more than the energy, hope and despair of the struggle itself. Through this struggle, however, he finds himself at the centre of more general concerns that derive from Baudelaire and Mallarmé; and in his work two opposed aspects of their poetic adventure—the exploration of man's 'ciel intérieur', and the analysis of language itself—are, in a large measure, reconciled.

BIBLIOGRAPHY

Cendrier du voyage (1950); *Art poétique* (1956); *Les Brisants* (1958); *L'Épervier* (1960); *Saccades* (1962); *Gravir* (1963); *Le Corps clairvoyant* (1963); *La Nuit grandissante* (1968); *L'Embrasure* (1969); *L'Embrasure* (1971) (Contains *Gravir*, *La Ligne de rupture* and *L'Onglée*).

CONSULT

J.-P. Richard, 'Jacques Dupin', in *Onze Études sur la poésie moderne* (Seuil, 1964), pp. 277–95.

J.-P. Richard, Preface to *L'Embrasure* (Seuil, 1971), pp. 7–11.

R. Char, 'Jacques Dupin' (dated 1950), in *Recherche de la base et du sommet* (Gallimard, 1965), p. 109.

P. Bigongiari, 'Jacques Dupin o l'incandescenza dell' immagine', in *Poesia Francese del Novecento* (Vallecchi, Florence, 1968), pp. 253–60.

Ph. Jaccottet, 'Jacques Dupin, "Par le versant abrupt"', in *L'Entretien des Muses* (Gallimard, 1968), pp. 275–9.

A. Jouffroy, *La Fin des alternances* (Gallimard, 1970), pp. 153–7.

NOTES

Le Chemin frugal
Originally published as the first poem in *L'Épervier*, 'Le Chemin frugal' is now the first poem in *Gravir*. Compare Rimbaud's 'Fêtes de la faim'.

L'Égyptienne
First published in the section 'Suite basaltique' of *Les Brisants.*

Longtemps l'angoisse...
First published in *Saccades.*

Les fleurs lorsqu'elles ne sont plus...
First published in *La Nuit grandissante.*

Commencer comme on déchire un drap...
From the section 'Moraines'.
lines 9–10: an echo of René Char's aphoristic statements.

Assumer la détresse...
Compare André Frénaud's prose poem 'Le Château et la quête du poème'.

PIERRE GARNIER (1928)

Pierre Garnier was born on January 9, 1928 at Amiens. He studied German at the Sorbonne and the University of Mainz, and is now a teacher of German at the lycée in his native town. In 1954 he published his first volume of poetry *Les Armes de la terre*, which was followed four years later by *La Nuit est prisonnière des étoiles.* An important, transitional volume, *Seconde géographie*, appeared in 1959; and since 1960 Garnier has concentrated on experimental poetry.

He is now the main representative in France of the international movement Spatialism. He has published in the review *Les Lettres*, which he has edited since 1963, numerous manifestoes, and various kinds of spatialist poems: concrete, phonetic, objective, visual, cybernetic, mechanical, serial, and multidimensional. *Spatialisme et poésie concrète*, published in 1968, gives a panoramic view of the whole movement, and includes manifestoes and examples of concrete poetry from many countries—Brazil, Germany, Japan, Great Britain, France, etc. Garnier's most recent volume *Perpetuum mobile* appeared the same year, and in 1969 he published in the December number of the *Nouvelle Revue Française* a sequence of fourteen short poems similar to those in *Perpetuum mobile*. Garnier has also published studies of German writers—Goethe, Novalis, Heine, Neitzsche, and Gottfried Benn; an anthology of German poetry; and books on the Czech poet Ondra Lysohorsky and two poets of his native Picardy, Philéas Lebesgue and Édouard David.

Garnier's first two volumes consist almost entirely of traditional poems in which the stanza form and rhymes are used; and some of them show the influence of other poets—the École de Rochefort, and Milosz, as well as that of philosophers—Nietzsche and Marx; but in *Seconde géographie* there is evidence of a search for a new poetic creed which eventually proved to be concrete poetry or, to use the general term, spatialism. This he defines as 'l'animation poétique des éléments linguistiques sans exception'. Garnier is no longer interested, as he was at the beginning of his career, in images and themes, but only in energy. He sees language as 'matter', which must be pulverised or exploded in order to release its hidden power. Signs, vowels, consonants and sounds must become sources of energy; 'signes-éclairs', 'voyelles-lumière' and 'cris-soleil' are now his key-words. The poems of his most important volume, *Perpetuum mobile*, do not illustrate all the grandiose spatialist theories; but they are clearly the result, or by-product, of his experiments. Extremely short, like a series of *haiku*, these texts have a range and a penetration that are rarely found in the early volumes. In *Perpetuum mobile*, regional elements—Picardy, the cathedral of Amiens, the river

NOTES

Somme—harmonise with the universal in poems that are at once anonymous and highly personal.

BIBLIOGRAPHY

Les Armes de la terre (1954); *La Nuit est prisonnière des étoiles* (1958); *Seconde géographie* (1959); *Sept poèmes extraits d'Ithaque* (1960); *Les Synthèses* (1961); *Choix de poèmes* (1965); *Sekunden* (1967); *Expansion* (1958); *Perpetuum mobile* (1968).

Other poems, published in *Les Lettres*, include *Poèmes à dire* and *Poèmes à voir* (No. 29, 1963); *Calendrier, poèmes visuels* (No. 30, 1963); *Spatiaux* (No. 32, 1964); and, in collaboration with his wife Ilse Garnier, *Poèmes mécaniques* (Nos. 33 and 34, 1964–5).

CONSULT

S. Bann, ed., *Concrete Poetry, an International Anthology* (London Magazine editions, 1967), pp. 19–21, and 134–8.

E. Williams, ed., *An Anthology of Concrete Poetry* (Something Else Press, New York, 1967), pp. 112–19 and 334).

M. Deguy, 'Pierre Garnier, *Spatialisme et poésie concrète*', *La Quinzaine Littéraire* (July 16–31, 1968), pp. 13–14.

E. Morgan, 'Concrete Poetry', in B. Bergonzi, ed., *Innovations* (Macmillan, 1968), pp. 213–25.

F. Edeline, ed., Special number on experimental poetry, *Le Journal des Poètes*, No. 2 (Maison Internationale de la Poésie, Brussels, 1969).

'Concrete Poetry', *Times Literary Supplement* (February 29, 1968), pp. 193–5.

'Recent combings from the concrete fringe', ibid. (February 12, 1970), p. 182.

See also Garnier's aphorisms on poetry in *Positions actuelles* (Silvaire, 1961); and *Spatialisme et poésie concrète* (Gallimard, 1968).

Soleil Mystique
(Because this poem—the latest of those included—had to be printed across a double page, it is not in chronological order.)
Published in *Spatialisme et poésie concrète*. In the second 'ray' formed by the seven words 'Soleil' in the top left hand corner, three of the words seem to have been imperfectly reproduced; but Garnier states that the printing is quite correct, for he had 'animé ce texte en frappant plusieurs fois à la machine le mot "Soleil" en haut à gauche'. (Letter to C. A. Hackett.) This is one of the many concrete poems which Garnier has composed from the world 'Soleil'. A word so potent in its evocation of light, heat and energy is eminently suitable for concrete poetry; but instead of *evoking* the sun's power, Garnier seeks to release the energy embodied in the word itself. In this particular poem, a kind of verbal solar system, nouns—'sol', 'ile', 'aile', 'œil'—and even single vowels and consonants, spring and radiate from the central noun like little suns, sources of vibrant energy.

Finis ces temps…
The title of the volume from which this sonnet is taken—*Seconde géographie*—is Garnier's definition of art which, he writes, 'ne reflète pas la vie: il lui donne un style, la crée ou plutôt la recrée'; and, in *Positions actuelles*, he states 'La Poésie est la géographie de l'Éternité'.

L'Été
From *Poèmes à dire*, first published in *Les Lettres*, No. 29 (1962).

Printemps
From *Poèmes à voir*, ibid., No. 29 (1962)

JOYCE MANSOUR (*1928*)

Joyce Mansour was born of Egyptian parents at Bowden, England, on July 25, 1928. She spent most of her early life in Egypt and later settled in Paris, where she now lives.

Her first volume of poetry, *Cris*, was published in 1954, and since then much of her work has appeared in surrealist reviews, *Le Surréalisme même*, *La Brèche*, *L'Archibras*, etc. She has been deeply influenced by the work and example of André Breton, to whom she has dedicated four of her books. She participated in the questionnaire he organised on Magic, which appeared in *L'Art Magique* (1957); contributed to the *Lexique succinct de l'érotisme* (first published in the catalogue of the International Exhibition of Surrealism, *Éros*, in 1959); and was one of the speakers in the BBC programme, *In Defence of Surrealism*, in February 1960.

The poetic work of Joyce Mansour is characterised by aggression and eroticism. It attacks most of the traditional targets of Surrealism: war, God and the Christian religion, reason and logic, and conventional bourgeois attitudes, especially to love. The attack is conducted in a typically surrealist manner, through disconcerting images loosely linked in sentences that are the product of both 'automatic' and controlled, often rhetorical, writing. Her fantasy world, coherent and convincingly personal, is an indictment of our civilisation and its values. A savage eroticism is one aspect of what she calls 'la fleur double du désir'; but its implicit counterpart 'la recherche d'une dilatation spirituelle' is the real subject of her work, and what she herself considers the poet's function. Closer to Sade and Lautréamont than to Baudelaire and Rimbaud, the poetry of Joyce Mansour is one of the few remaining and authentic expressions of 'la voix surréaliste'.

BIBLIOGRAPHY

Cris (1954), *Déchirures* (1955); *Jules César* (1956); *Les Gisants satisfaits* (1958); *Rapaces* (1960) (contains *Cris* and *Déchirures*); *Carré blanc* (1965); *Les Damnations* (1967); *Le Bleu des fonds* (1968); *Phallus et momies* (1969); *Ça* (1970).

CONSULT

Renée Riese Hubert, 'Three Women Poets: Renée Rivet, Joyce Mansour, Yvonne Caroutch', *Yale French Studies*, No. 21 (Spring–Summer 1958), pp. 40–8.

NOTES

Jacqueline Piatier, Interview with André Breton, 'Le Surréalisme continue à vivre...', *Le Monde* (January 13, 1962).

J. H. Matthews, 'Joyce Mansour' in *Surrealist Poetry in France* (Syracuse University Press, 1969), pp. 164–77.

NOTES

Vous ne connaissez pas mon visage de nuit
This poem also appears in the volume *Ça*, as the prologue to the last section, 'L'Ivresse religieuse des grandes villes'.

Rien ne me restera de mon corps
This extract is the conclusion of the third section—*666*—of *Les Damnations*. André Breton suggested the general title of the volume; the section title is the number of the Apocalyptic Beast (see J. E. Cirlot, *A Dictionary of Symbols*, Routledge and Kegan Paul, 1962, pp. 14 and 224).

JACQUES RÉDA (1929)

Jacques Réda, who is of Italian and French extraction, was born on January 24, 1929, at Lunéville. He received a classical education at a Jesuit college at Évreux, and later studied law. He has lived in Paris since 1953. He began writing poetry at the age of eighteen, and between 1952 and 1955 he published four small volumes which are now, he says, rightly forgotten. He was a regular contributor to *Les Cahiers du Sud* from 1956 until the review ceased publication ten years later. Since then he has written for *Les Temps Modernes*, *Les Lettres Nouvelles*, *Les Cahiers du Chemin*, and *La Nouvelle Revue Française*. In 1968 his first important volume *Amen*, consisting of fifty poems written between 1954 and 1967, was published and was awarded the Prix Max Jacob. A small collection of seven poems entitled *Le Mai sombre* (with translations in Italian) appeared the same year; and his next substantial volume *Récitatif* followed in 1970.

Réda has also published critical studies on Cingria, Bataille, Salabreuil, Follain, Tardieu, Frénaud, Borgès, and John Cowper Powys. He has written 'très abondamment' on Jazz, and he now works for a publicity firm.

Réda has stated, in an article on Jean Follain, that whatever the range of the poet's inspiration, whether he ventures into the abyss or remains in comparative safety on the edge, he must, if he is to communicate his experience, return to occupy 'le milieu de la parole'. The precise meaning of this intention may not be clear, but the substance and form of *Amen* and to some extent *Récitatif* suggest that Réda himself does write from a 'central' position, both linguistic and human. He has experienced the goad of the unknown as well as the ambiguous reassurance of the commonplace; and his poetry, delicately poised, yet tense, is a harmony of extremes. In his second volume, however, the balance is disturbed, notably in the concluding poems, and the work as a whole appears less well organised than *Amen*. Paradoxically, it is for these very reasons that *Récitatif* marks a significant, and perhaps major, development. The language, as if in response to the poet's declared intention 'gagner en simplicité, amortir le lyrisme', is freer, closer to the rhythms of speech, and expresses bewilderment, searching and conflict. Instead of continuing to write technically accomplished pieces, Réda has moved on to join battle with the changing self.

BIBLIOGRAPHY

Les Inconvénients du métier (1952); *All Stars* (1953); *Cendres chaudes* (1955); *Laboureur du silence* (1955); *Le Mai sombre* (1968); *Amen* (1968); *Récitatif* (1970).

CONSULT

R. Munier, 'Le Parcours oblique', *Critique*, No. 269 (October 1969), pp. 862–78.

See also Réda's own comments on his poetry in 'Celle qui vient à pas légers', *La Nouvelle Revue Française*, No. 194 (February 1969), pp. 170–8; 'L'Intermittent', *Les Cahiers du Chemin*, No. 6 (April 1969), pp. 87–98; and 'Poids et mesure de Jean Follain', *La Nouvelle Revue Française*, No. 222 (June 1971), pp. 39–41.

NOTES

Le Correspondant and *L'Oeil circulaire*
First published in *La Nouvelle Revue Française*, No. 188 (August 1968).

Disparu j'ai franchi
The conclusion to the last of the three poems forming the sequence entitled *Récitatif*, which were first published, in a slightly different form, in *Les Cahiers du Chemin*, No. 4 (October 1968). In the complete poem, a series of images from Dante, Plato, the cinema and everyday life evoke the poet's search for an ideal love.

Zodiaque
This poem, given to C. A. Hackett by the author, was composed in 1970.

JEAN-PIERRE DUPREY (1930–59)

Jean-Pierre Duprey was born on January 1, 1930, at Rouen, where he was educated at the lycée Corneille. His early reading included Lautréamont, Jarry, Artaud, and Rimbaud, the influence of the last being particularly marked in the early poems. In 1948, Duprey went to Paris, and published several poems, written between the ages of 15 and 17, in the review *En Marge*; and began *Derrière son double*, the only volume to be published in his lifetime. In his preface to this text, as curious in substance as it is in the mixture of styles and genres, André Breton, while mentioning the obvious influence of Jarry, concluded: 'Vous êtes certainement un grand poète, doublé de quelqu'un d'autre qui m'intrigue. Votre éclairage est extraordinaire.'

During 1949, when Duprey met members of the surrealist movement, he wrote *Spectreuses* (an extract from which was published in the *Almanach surréaliste du demi-siècle*), *L'Ombre sagittaire*, and *La Forêt sacrilège*—two scenes from this 'drame mental' appeared as the conclusion to the second edition of Breton's *Anthologie de l'humour noir*. In 1951, Duprey stopped writing poetry in order to devote himself to sculpture and painting, but turned again to poetry in 1959. He composed his last work, *La Fin et la manière*, and sent the manuscript to Breton (a defiant gesture rather than an appeal) before he committed suicide on October 2, 1959, at the age of 29.

'Je préfère le noir!' That statement by one of the characters in *La Forêt sacrilège* could stand as the author's own device. A strange darkness, traversed at times by a brightness equally strange, is the 'éclairage' of Duprey's work. In it, there is the darkness of night, of the unconscious mind, and of death; but there is also, and this is perhaps the most interesting aspect, the darkness of a humour that is at once witty and tragic. If this 'humour noir' did not act as a liberating force, it enabled him to endure, and intermittently express fantastic visions, to which his suicide (a search for the 'doubles'?) seemed to give confirmation of authenticity. Duprey may not be the great poet acclaimed by Breton and Alain Jouffroy; but with Vaché, Rigaut, and Crevel, he is a witness and a dark beacon on the surrealists' 'road to the absolute'.

BIBLIOGRAPHY

Derrière son double (1950); *Derrière son double*, suivi de *Spectreuses* (1964); *La Fin et la manière* (1965); *La Forêt sacrilège et autres textes* (1970) (Contains all work hitherto unpublished in volume form, including the early verse poems).

CONSULT

A. Breton, 'Solution surréaliste', preface to *Derrière son double* (Le Soleil Noir, 1950), pp. 15–16.

NOTES

A. Breton, 'Jean-Pierre Duprey', in *Anthologie de l'humour noir* (Sagittaire, 1950).
A. P. de Mandiargues, 'La Mort volontaire', *La Nouvelle Revue Française*, No. 84 (December 1959), pp. 1133–5.
J. Brenner, *La Fête au village* (Julliard, 1963), pp. 53–6.
A. Jouffroy, 'Le Suicide de Jean-Pierre Duprey', in *Une Révolution du regard* (Gallimard, 1964), pp. 100–3.
A. Jouffroy, 'Lettre rouge', preface to *La Fin et la manière* (Le Soleil Noir, 1965), pp. 13–44.
A. Jouffroy, 'La Liberté mise en jeu', in *La Fin des alternances* (Gallimard, 1970), pp. 121–5.
B. Caramatie, 'Jean-Pierre Duprey, *La Forêt sacrilège et autres textes*', *La Nouvelle Revue Française*, No. 224 (August 1971), pp. 72–3.

NOTES

Monsieur H.—Je compte les jours...
From *De l'invisible de l'œil au regard de la bouche*, the first part of *Derrière son double.*

Et j'entendis...
From *Solution H ou Du second voyage imaginé de Monsieur H.*

Il arrive que la veilleuse des morts...
The concluding section of the first part of *En l'air de verre passé au philtre du vide.*

MICHEL DEGUY (*1930*)

Michel Deguy was born on May 25, 1930, at Draveil (Seine-et-Oise). He was educated at the lycée Louis-le-Grand, Paris, and the Sorbonne, where he obtained his *agrégation* in philosophy. He is at present a lecturer in French literature at the University of Paris (Vincennes).

His first volume of poems, *Les Meurtrières*, was published in 1959; followed the next year by *Fragment du cadastre*, which was awarded the Prix Fénéon; and in 1961 by *Poèmes de la Presqu'île*, which received the Prix Max Jacob. Despite echoes of Mallarmé, Valéry, René Char, and more particularly Saint-John Perse, an assured and authoritative accent makes itself heard in these three volumes. Subsequent publications have firmly established Deguy's reputation as one of the most representative, and important of the younger French poets. He is a regular contributor to *Critique* and the *Nouvelle Revue Française*, and edits the *Revue de Poésie*, which he founded in 1964. He has written a critical study of Thomas Mann and translated some of the works of Heidegger and Góngora. His own work is already known in Britain, and in April 1971, he participated in a series of lectures on French poetry, organised by the Institute of Contemporary Arts, London, where he discussed two of his dominant and inseparable preoccupations: Poetry and Poetics.

The practice of poetry and an active meditation on the language of poetry have been complementary aspects of Michel Deguy's evolution in the ten years between the publication of *Les Meurtrières* and *Figurations*. His ultimate and, as he himself realises, impossible aim is: 'ressaisir ce chiffre de l'origine dans les choses du spectacle'. His poetry, a 'poésie-passerelle', links things and men with their universe; and in his first four volumes, he reveals in a finite yet inexhaustible 'spectacle' fresh and aesthetically satisfying perspectives and relationships. But since the publication in 1966 of *Ouï Dire* and *Actes*, Deguy has been more concerned with relationships within language itself, and the discovery of another and deeper poem 'sous le poème'. The quest is as stimulating to follow as that of Mallarmé, the chief of many exemplars which include Plato, Dante, Vico, Pound, and Wittgenstein. Deguy is seeking not only to return to the source of language, to its 'innocence', but also to reassemble fragments of our cultural heritage in order to obtain a coherent and total view of poetry and language. He is aware that in this century of technology, and the 'planétarisation' of uniformity and boredom, the threat to poetry has become so grave that it must strive to 'reprendre son bien' not merely from music, as Mallarmé had recommended, but from all disciplines and fields of activity.

In some of his recent works, Deguy has expressed ideas that are similar to those held by Philippe Sollers and the *Tel Quel* group but, believing that poetry is too serious a matter to be left to linguists and philosophers, he remains an independent and original poet.

BIBLIOGRAPHY

Les Meurtrières (1959); *Fragment du cadastre* (1960); *Poèmes de la Presqu'île* (1961); *Biefs* (1964); *Ouï Dire* (1966); *Actes* (1966); *Histoire des rechutes* (1968); *Figurations* (1969).

CONSULT

G. Poulet, 'Michel Deguy ou le lieu comme médiateur de l'être', *Critique*, No. 225 (February 1966), pp. 118–30.
J. Borel, '*Actes* de Michel Deguy', *Nouvelle Revue Française*, No. 170 (February 1967), pp. 292–300.
P. Bigongiari, 'Deguy e lo spazio del *poème*', in *Poesia Francese del Novecento* (Vallecchi, Florence, 1968), pp. 261–79.
Ph. Jaccottet, 'Michel Deguy, Recherche d'un ordre', in *L'Entretien des Muses* (Gallimard, 1968), pp. 283–8.

NOTES

Autre Champ de Bretagne
From the section *Parcours Breton*, in which it is preceded by a poem entitled *Le Champ*.

In this early poem, as in *La Presqu'île*, Deguy's *art poétique* is already implicit. Theatrical terms and allusions, used here to express perspectives and relationships, become more frequent in subsequent works, notably *Actes* and *Figurations*, significantly given theatrical titles.

La Presqu'île
This, and the following poem, *Le Menhir*, both inspired by Brittany, are from the section *L'Enclos de Rhuys*.

Le Château
From the section *Généalogies*. Compare Deguy's account of his visit to Brasilia: 'Brasilia, ville tout en vide; ville sporadique; tout est loin; en dehors. Le grand est extérieur, bon pour le point de vue, à l'inverse du château-ville d'autrefois où on était enrobé'. (*Critique*, No. 227, 1966).

Le ciel comme un enfant...
From the section *Blasons*.

lines 1 and 11; *comme*: a word that is even more important for Deguy than for Marcelin Pleynet. Whereas in *La Vie* it encloses, here it releases the spirit. This is the 'comme' of which Deguy has written: '*Comme*, non de comparaison banale, mais pour l'ouverture de l'espace poétique'

Car le monde a besoin d'être annoncé...
The second part of *La Veille du départ*. A characteristic example of Deguy's intermingling, or rather fusion, of poetry and poetics, what he himself terms the 'indivision *du* poétique et *de la* poétique'.

Haiku du visible
A return to the visible world, 'les choses du spectacle' but, influenced by Japanese poetry, in an elemental, condensed, and enigmatic form. Deguy has used a modern, free *haiku* which, until the beginning of the twentieth century, was always composed of seventeen syllables in three lines of 5, 7, 5.

lines 1 and 2: *Lui le lucide / L'impartial*: Compare this sun with Valéry's 'Midi le juste' in *Le Cimetière marin*. The 'Deux', 'Trois', and 'Quatre' in the poem are respectively the sky or, as Deguy writes, the 'ciel de terre'; the earth, 'terre surface'; and the sea, 'eau sur le "fonds" de la terre'.

BERNARD NOËL (1930)

Bernard Noël was born on November 19, 1930, at Sainte-Geneviève-sur-Argence. He was educated at the lycée in Rodez and came to Paris in 1949, where he now lives. In 1955 he published a slight volume of seven poems, *Les Yeux chimères*, followed in 1958 by *Extraits du corps*. After an interval of nearly ten years, he decided, in a state of 'demi-acceptation de l'écriture', as he puts it, to publish *La Face de silence*, which was awarded the Prix Antonin Artaud. Since then *A vif enfin la nuit*, *Une Messe blanche*, and *La Peau et les mots* have appeared. Noël has also published critical editions of two of Georges Bataille's works, *L'Archangélique* and *Documents;* a *Dictionnaire de la Commune;* and has translated Shakespeare's *Timon of Athens*, and W. B. Yeats's *Deirdre*. He has contributed an article on Georges Bataille to *Change*, and two important texts to Jean Daive's new review *Fragment*.

'Qui suis-je?', the opening sentence of André Breton's *Nadja*, is the leitmotif of the work of Bernard Noël. The influence of surrealism is evident in the images, in the belief in love as a transfiguring force, and in the obsession with antinomies and dualities. He does not, however, seek to abolish or resolve oppositions, but to examine the meeting-point or link between them, 'la pliure', as he terms it. Noël's scrutiny, like that of his predecessor, Bataille, whose influence is felt in the eroticism and the theme of death, is focused on himself, and on the relationship between the *moi* and the *je*. To give substance and form to *himself* is what he demands of poetry; and in this anguished quest for self-identity he is concerned not only with mental but with physical states. This twofold exploration gives to his poetry an organic tension which is its distinctive and original feature.

BIBLIOGRAPHY

Les Yeux chimères (1955); *Extraits du corps* (1958); *La Face de silence* (1967); *A vif enfin la nuit* (1968); *Une jMesse blanche* (1970); *La Peau et les mots* (1972) (contains all the poems written between 1954 and 1970, except *La Face de silence*).

CONSULT

M. Alyn, 'En 1958, un poète inconnu, Bernard Noël', in *La Nouvelle Poésie Française* (Morel, 1968), pp. 219–20.

C.-M. Cluny, 'Bernard Noël, *La Face de silence*,' *La Nouvelle Revue Française*, No. 184 (April 1968), pp. 730–2.

A. Jouffroy, 'Un poète de la société secrète de l'écriture, Bernard Noël', *Les Lettres Françaises*, No. 1356 (October 21–27, 1970), pp. 3–4.

See also Bernard Noël, 'Poésie et Expérience', preface to G. Bataille, *L'Archangélique et autres poèmes* (Mercure de France, 1967), pp. 9–17; and *Le Lieu des signes* (Pauvert, 1971).

NOTES

elle pensa que c'était comme s'ils avaient dansé ensemble…
The conclusion of *A vif enfin la nuit* (the version given here is the one that appeared in the review *Actuels*, No. 8, January 1969). Noël states that this particular part of the poem is 'une manière d'hommage à Eliot (au Eliot des *Quatuors*)' and adds, 'j'ai essayé, là, de retrouver un certain rythme de *Burnt Norton*'. (Letter to C. A. Hackett.) *bleu le ciel* (last stanza): this expression, which echoes the title of Bataille's book *Le Bleu du ciel*, is a recurrent motif. Compare 'Il s'agit de se réduire, d'être le pan de ciel dans le bec de l'oiseau, le bleu qui se déchire et reste bleu—plus bleu en somme d'être réduit au bleu' (*Le Chemin de ronde*, published in *Fragment*, No. 2, Spring 1971).

Poème à déchanter
line 3: *la bête à mots*: Compare 'C'est l'heure…où reparaît, poignant, l'infâme et merveilleux désir de devenir parole' (ibid.).

line 20: *abre* and *acre*: noun endings as given in a dictionary of rhymes.

line 21: *Odoacre*: king of the Heruli.

Le Grand Mal blanc
Subsequently published, with minor changes, as the last poem in *La Peau et les mots*.

JEAN PÉROL (1932)

Jean Pérol was born on May 19, 1932, at Vienne (Isère). He obtained a degree in Arts at the University of Lyons and became a teacher of French literature. In 1953 he published his first volume of poems *Sang et raisons d'une présence*, which was followed in 1957 by *Le Cœur de l'olivier*, and two years later by *Le Feu du gel*. From 1961 to 1967 he taught in the University of Fukuoka in Japan; and visited Indonesia, Thailand, Cambodia and Hongkong. He then returned to France for two years (1968–9), and during that time wrote poetry and contributed to reviews. His experiences in the Far East are reflected in *Le Point vélique* and *D'un pays lointain* which were published in 1965; and more particularly in *Le Cœur véhément* which appeared in 1968, and *Ruptures* published in 1970. In October of that year he returned to Japan of which he wrote 'pays sans lequel il m'est maintenant assez difficile de vivre'. He now lives in Tokyo where he teaches in the Franco-Japanese lycée. Pérol has contributed to *La Nouvelle Revue Française*, *Les Lettres Françaises*, *Le Magazine Littéraire*, *Europe*, *La Nouvelle Critique*, and *Le Pont de l'Épée*, in which he published a short study of contemporary Japanese poetry, 'Approche de la poésie japonaise contemporaine' (No. 23, 1963).

At the age of twenty-one, when he published *Sang et raisons d'une présence*, Pérol believed that 'un beau poème est fait d'un tiers de souffle, deux tiers de sueur, et de phrases claires'. His early poems, resolutely anti-intellectual, are vigorous and clear; but they are also derivative (Verlaine and Apollinaire, Aragon and Eluard are among his models), and naïve in their lyrical expression of love for mankind and the earth. A striking and wholly beneficial change occurred during his time in Fukuoka. It was not a question of something being added to his poetry—atmosphere, local colour or exoticism—but of an almost complete change from within, a 'rupture' (to use one of the many meanings he attributes to this word) with his past, and the consequent discovery of a new, essential self. Pérol's feelings are as robust as before, but they have been refined and made more sensitive by contact with Japanese life and culture. His poetry, with its poignant evocations of love, and its fragmented images of urban life is now more complex and more profound. Mystery is felt behind the obvious, transience is touched with a sense of the tragic, and the facile optimism of the early volumes has given way to the realisation that, if not everything, at least something—'la saveur d'être au monde'—can be saved.

BIBLIOGRAPHY

Sang et raisons d'une présence (1953); *Le Cœur de l'olivier* (1957); *Le Feu du gel* (1959); *L'Atelier* (1961); *Le Point vélique* (1965); *D'un pays lointain* (1965); *Le Cœur véhément* (1968); *Ruptures* (1970); *Maintenant les soleils* (1972).

CONSULT

C.-M. Cluny, 'Présentation de Jean Pérol', *La Nouvelle Revue Française*, No. 162 (June 1966), pp. 1093–5.
J. Grosjean, 'Jean Pérol, *Le Cœur véhément*', ibid., No. 192 (December 1968), p. 821.
J.-P. Amette, 'Jean Pérol', ibid., No. 194 (February 1969), pp. 276–9.
H. Juin, 'Les Propositions de Jean Pérol', *Le Magazine Littéraire*, No. 40 (May 1970), pp. 27–8.

JACQUES ROUBAUD (1932)

Jacques Roubaud was born on December 5, 1932. He lectures on mathematics at the University of Paris (Nanterre) and has been referred to as a 'mathematician poet'. His first volume *Poésies juvéniles*, composed between 1942 and 1944, appeared when he was only twelve years old. The second volume *Voyage du soir* came in 1952; but he did not become known to the general public until 1967 with the publication of ε, a work consisting mainly of sonnets (and 'non-sonnets') arranged like the black and white counters in the Japanese game of Go (reminiscent of the chess game in *Through the*

Looking Glass). This was awarded the Prix Fénéon in 1968, and was followed in the same year by a prose companion, *Petit traité invitant à la découverte de l'art subtil du go*, written in collaboration with Pierre Lusson and Georges Pérec. In 1970, Roubaud published *Mono no aware, Le Sentiment des choses*, translations of one hundred and forty-three Japanese poems, mostly *tanka*, from the time of the *Man'yōshū* to the fourteenth century. The next year he collaborated with Octavio Paz, Edoardo Sanguineti, and Charles Tomlinson, to produce the volume *Renga*, a sequence of twenty-seven irregular sonnets written according to the principle of the Japanese *renga*, or 'linked' verses. Roubaud is also a contributor to *La Nouvelle Revue Française*, *Action Poétique*, and *Change*, of which he is a founder-member.

Roubaud's first poems, as might be expected, are highly derivative; but they announce characteristic aspects of his work, notably, technical versatility and authentic lyrical feeling. In *Voyage du soir*, published seven years after *Poésies juvéniles*, he has still not freed himself from certain influences, in particular those of Aragon and Eluard; but ε, his third and most important volume, represents, as he himself explains, 'la recherche d'une voie nouvelle à partir d'une histoire, d'une tradition'. By taking a 'fixed' form, the sonnet, and demonstrating that it can undergo innumerable permutations, he succeeds in reconciling tradition and invention, and also the conflicting demands of his own nature. In ε, the virtuosity, different from that of Denis Roche, is literary as well as purely linguistic, senstitive as well as intellectual, poetry as well as 'écriture'. Moreover, the Japanese game of Go (symbol of the game of life) is a serious affair; and beneath the intricacies of the pattern there is a centre from which radiate universal themes: transience, solitude, death. ε is a remarkable achievement not only as a *summa* of linguistic experiments but as the expression of an original and genuinely poetic sensibility. *Renga*, the most recent volume, may prove equally significant. It is a successful exercise in collaboration which, enriched by four different cultures, points the way to a new and less personal poetry.

BIBLIOGRAPHY

Poésies juvéniles (1945); *Voyage du soir* (1952); ε (1967); *Mono no aware, Le Sentiment des choses* (1970); *Renga* (1971) (in collaboration with Octavio Paz, Edoardo Sanguineti, and Charles Tomlinson).

CONSULT

J.-P. Attal, 'Jacques Roubaud, ε,' *La Nouvelle Revue Française*, No. 181 (January 1968), pp. 124–8.
G. Pérec, 'Jacques Roubaud: "J'ai choisi le sonnet" ', *La Quinzaine Littéraire*, No. 42 (1–15 January 1968), pp. 6–7.
A. Jouffroy, *La Fin des alternances* (Gallimard, 1970), pp. 140–5.
See also Roubaud's article 'Quelques thèses sur la poétique', *Change*, No. 6 (1970), pp. 7–21.

NOTES

ε

ε: a mathematical sign denoting relationship which, Roubaud explains, can also be used to express 'l'appartenance au monde de "l'être au monde" '. Formal and human relationships are achieved in ε through its composition which is based on the Japanese game of Go. The numbers on the left, at the head of the poem, indicate its order in a certain sequence, while those on the right give the number of its move in the game. The small circle shows whether the poem is a black or a white counter. If these indications are followed, ε can be read in the four different ways outlined in its preface; three of them related to Go and to mathematics, and the third, the only way possible in this anthology: 'se contenter de lire ou d'observer isolément chaque texte'.

Un moment central...

Published in *Change*, No. 6 (1970), under the general title *B. Y. Trois ou dix-neuf poèmes*. These poems are arranged so that they can be read either in three groups, or as nineteen separate poems. The number nineteen may have been suggested by the title of the famous second-century Chinese anthology *The Nineteen Old Poems*.

PIERRE OSTER (*1933*)

Pierre Oster was born on March 6, 1933, at Nogent-sur-Marne. He was educated at the Collège Sainte-Croix at Neuilly, and later at the lycées Buffon and Louis-le-Grand, before entering the Institut d'Études Politiques. He published his first poems at the age of twenty-one in the *Mercure de France* and the *Nouvelle Revue Française*. The publication in 1955 of the volume *Le Champ de mai*, extracts from which appeared in Jean Paris's *Anthologie de la poésie nouvelle*, brought him recognition as a promising 'new' poet. Although the four subsequent volumes appear more traditional than experimental, Oster has shown that he is a fertile as well as an important poet. He works at present for the firm of Tchou, which has recently published his comprehensive dictionary of quotations.

Oster has defined his poetry as 'un lyrisme métaphysique'. From *Le Champ de mai* to *Les Dieux* his work forms a continuous sequence of poems in praise of the harmony and unity of the world and what he calls 'l'Etre' or 'l'Un'; this continuity being emphasised by the fact that all his poems have numbers instead of titles. Repetition of motifs, expressions and rhetorical devices is inevitable in these variations on a single affirmative theme; and the 'métaphysique', largely dependent on general statements and abstractions, is less convincing than the moments of lyricism and intuitive insight. When Oster contemplates natural objects and phenomena, his vision has an exhilarating freshness and power, qualities that are especially evident in his last two volumes where, less concerned with the absolute than the relative, he is attentive to the sensuous particularities, the 'tremblante beauté', of the visible world.

Oster's unqualified admiration for Claudel (whose influence on his work has been considerable) is accompanied by a complete intolerance of poets who do not have a religious or spiritual *art poétique*. Lautréamont, Rimbaud and Breton are dismissed as 'ces stupides féroces'; and similar opinions are expressed about some writers of his own time. This attitude suggests a mind closed to certain aspects of poetry; but it also indicates a salutary indifference to literary fashions. Moreover, it constitutes, for Oster, a defence against everything that might distract him from what he considers the poet's main task: 'l'affirmation de l'âme'.

BIBLIOGRAPHY

Le Champ de mai (1955); *Solitude de la lumière* suivi de *Prétéritions* (1957); *Un nom toujours nouveau* (1960); *La Grande Année* (1964); *Les Dieux* (1970).

CONSULT

Ph. Jaccottet, 'Pierre Oster, Poète de l'Unité animée', *La Nouvelle Revue Française*, No. 65 (May 1958), pp. 874–8.

Ph. Jaccottet, 'Pierre Oster, l'Hymne impossible', in *L'Entretien des Muses* (Gallimard, 1968), pp. 291–6.

J. Chessex, '*La Grande Année* ou Quelques remarques sur Pierre Oster', *La Nouvelle Revue Française*, No. 144 (December 1964), pp. 1068–72.

J. Réda, 'Pierre Oster, *Les Dieux*', ibid., No. 209 (May 1970), pp. 754–8.

See also Oster's comments on his own poetry in *Notes d'un poète* (*Le Champ de mai*, pp. 103–36), *Prétéritions* (*Solitude de la lumière*, pp. 129–77), *Notes anciennes*, 1951–1953 (*La Nouvelle Revue Française*, No. 215 (November 1970), pp. 35–43).

MARCELIN PLEYNET (1933)

Marcelin Pleynet was born on December 23, 1933, at Lyons. He spent his childhood and adolescence travelling in France and Europe, and in practising, as he himself puts it, 'divers métiers'. His early poems appeared in reviews such as *Écrire 2*, *Botteghe Oscure*, *Esprit*, *Tel Quel*, *Locus Solus*; and in 1962 he published his first volume *Provisoires amants des nègres* (poems written between 1957 and 1959) which was awarded the Prix Fénéon. *Paysages en deux* suivi de *Les Lignes de la prose* appeared the following year, and *Comme*, a single long poem, in 1965. He is now engaged on another long 'poésie' entitled *Incantation dite au bandeau d'or*, an extract from which appeared in 1970 in *Tel Quel* (No. 40). Pleynet has been a member of the editorial board of *Tel Quel* since 1963, and is at present sub-editor of the review. He has published a new interpretation of Lautréamont's work, *Lautréamont par lui-même* (1967), and a Leninist-Marxist study of painting since Matisse, *L'Enseignement de la peinture* (1971). Translations of some of his poems and articles have appeared in English and American reviews; and in April 1971 he lectured at the Institute of Contemporary Arts in London on *Materialism and Poetry*.

Pleynet concludes his comments on *Provisoires amants des nègres* with the words 'Paraphrasant Rimbaud on pourrait dire "JE est un nègre" ', thus indicating the ambiguity and duality at the centre of his own work. These early poems are 'provisional' evocations of the love felt for a place, for people, for a moment in time; but they already express a permanent concern with literature as 'écriture'. The more complex *Paysage en deux* expresses the ambiguities that exist between two 'paysages'; reality and the 'paysage' of the page itself, namely fiction. It is not from any wish to be provocative that *Comme*, Pleynet's most ambitious volume, has a title which 'le désigne *Comme* sujet et *Comme* méthode de lecture'. By making the pronouns 'il' and 'elle' represent characters in a plot, and at the same time protagonists in a reading process ('il' being the reader and 'elle' the page of the book) Pleynet illustrates and attacks the kind of reading in which the reader projects himself into the story, 'reading by identification' as he terms it (See 'Author's Note on Three Excerpts from *Comme*', *The Paris Review*, No. 42 (1968), p. 200). *Comme*, part of a vast programme of 'demystification' and subversion pursued by all members of the *Tel Quel* group, seeks to break this closed circuit.

NOTES

While ostensibly offering a new *poésie* (the sub-title of the volume) *Comme* undermines the narcissistic 'bourgeois' method of reading so that the reader can be directed to the reinterpretation, from a Marxist point of view, of all literature as 'écriture', and ultimately to what Sollers, the chief Tel Quelist, has termed 'la lecture du monde'.

BIBLIOGRAPHY

Provisoires amants des nègres (1962); *Paysages en deux* suivi de *Les Lignes de la prose* (1963); *Comme* (1965); *Incantation dite au bandeau d'or* (1972).

CONSULT

R. Recht, 'Marcelin Pleynet, *Comme*', *La Nouvelle Revue Française*. No. 152 (August 1965), pp. 322–4.

Ph. Sollers, 'Critique de la poésie', in *Logiques* (Seuil, 1968), pp. 206–25.

S. Gavronsky, 'Marcelin Pleynet', in *Poems and Texts* (October House, New York, 1969), pp. 193–211.

See also the following studies by Pleynet: 'La Pensée contraire', *Tel Quel*, No. 17 (1964), pp. 55–68; 'Poésie comme explication', *Tel Quel*, No. 33 (Spring 1968), pp. 60–70; and 'Souscription de la forme', in *Théorie d'ensemble* (Seuil, 1968), pp. 326–50.

NOTES

Écriture
Certain key words such as 'écriture', 'trace', 'phrase', 'mots', which in Pleynet's first volume form part of a definite lyrical theme, appear later as the main characters in the philosophical-linguistic problem story *Comme*.

Un des écrans est tombé
In the vocabulary of *Tel Quel*, 'écran' can mean, as well as the screen on which a film is projected, the page of a book, the 'screen' of the real world, or, as here, the narcissistic mirror of personal vision.

line 1: *capitale des douleurs*: the poem seems more surrealistic than any of those by Eluard (to whose volume *Capitale de la douleur* the first line may refer); but neither wonder, nor love, nor even feeling is expressed, nor are any dualities reconciled. The juxtaposition of two 'paysages' or 'mondes' emphasises their separation; the world is as it is, '*comme* une unité', but for ever divided, 'Parlant parfois / Ou bien mort'.

PIERRE DHAINAUT (1935)

Pierre Dhainaut was born on October 13, 1935, at Lille, and now lives at Dunkirk, where he is a teacher. He met André Breton in 1959, and from then until 1964 he took part in the surrealist movement. Some of his early poems, for example *Entre oubli et devenir, toujours*, appeared in the surrealist review *La Brèche*, and have never been published in volume form; others, such as *Mon sommeil est un verger d'embruns* and *Secrète lumineuse*, have appeared only in de luxe editions (illustrated by surrealist artists) and are now out of print.

Dhainaut has admitted his literary debt to Breton (in particular to *L'Amour fou*), to Eluard, and also to a contemporary surrealist, Jean Malrieu. But these influences have been assimilated and modified, and his treatment of surrealist themes, notably love, is new and unmistakably personal. In complete contrast to the work of Joyce Mansour and Jean-Pierre Duprey, the poetry of Dhainaut draws its strength not from the dark, demoniac forces of Surrealism, but from its 'diurnal' aspects, from a total commitment to a life-giving transcendent love. In an important article, 'L'Avènement poétique', he writes: 'Je n'ai pour ma part composé que des poèmes d'amour: j'emploie l'expression, paraîtrait-elle inconvenante ou démodée. Je prétends que tout poème, s'il est véridique, est d'amour'. Pierre Dhainaut has closer affinities with Eluard than with most contemporary surrealists, and he has been more faithful than his predecessor to the pure source of Surrealism. His continuing theme might be

NOTES

expressed by the title of one of Eluard's early volumes, *L'Amour la poésie*.

BIBLIOGRAPHY

Mon sommeil est un verger d'embruns (1961); *Secrète lumineuse* (1963); *L'Impérissable* (1963); *Blasons* (1969); *Le Poème commencé* (1969).

CONSULT

J. Sojcher, 'Voix de plus loin, Initial présent' *Courrier du Centre International d'Études Poétiques*, No. 80 (1970).

J. H. Matthews, 'Pierre Dhainaut' in *Surrealist Poetry in France* (Syracuse University Press, 1969), pp. 190–201.

See also Dhainaut's comments on poetry and his own work in the following two articles 'L'Avènement poétique', *Cahiers Internationaux de Symbolisme*, Nos. 19–20, (1970), pp. 9–17 and 'Jour contre Jour', *Gradiva*, No. 1 (May 1971), pp. 2–6.

NOTES

Mon sommeil est un verger d'embruns
A characteristically surrealist title which is itself a *poème-phrase*. Dhainaut has made several changes to this poem since it was first published; but these extracts are taken from what he states is the final version.

Entre oubli et devenir, toujours
Published in *La Brèche*, No. 2 (May 1962).

Dedicated to Jacqueline, the poet's wife, who embodies the surrealist conception of love (as did Nusch for Eluard).

Je reste avec le ciel toujours
This extract is the conclusion of a long poem, 'En cette feuille illuminée', which was published in *Le Nouveau Commerce*, Nos. 18–19 (Spring 1971).

JEAN-CLAUDE SCHNEIDER (1936)

Jean-Claude Schneider was born in Paris on April 2, 1936. He studied literature at the Sorbonne, and is now a teacher of German. He has translated numerous German works—novels by Peter Härtling, poems by Hofmannsthal, the complete works of Georg Trakl, etc. Although he has only published three small volumes of poetry, his work has been appearing at regular intervals since 1967 in reviews, chiefly *La Nouvelle Revue Française*; but apart from the short notice by Jean-Philippe Salabreuil on *Le Papier, la distance*, no studies or articles have yet appeared on his poetic work.

The poetry of Jean-Claude Schneider appears to be slight and fragmentary; but like that of Reverdy and André du Bouchet (both of whom have influenced him) it is subtle and coherent. He is neither a 'voyant', nor a strictly visual poet, but rather, an 'ocular' poet or, in more aesthetic terms, a 'poète du regard', concerned not with projecting personal visions on to the external world but with recording its impact on his vision, even physically on the retina. He is, in fact, content to be the poet of the 'presque insignifiant'—and to reveal its significance. From *Féconde famine*, six poems published in the *Nouvelle Revue Française* in 1967, to *Un Doigt de craie*, which appeared three years later, he has been striving for increasing simplicity, using few images, and words that are, as he writes, 'les plus usuels, voire les plus usés'. In content, as well as in style, he is thus completely opposed to the surrealists and their search for a resolution of the eternal dualities—past and future, dream and reality, life and death. Schneider records a familiar yet disconcerting world, a landscape or an interior, in which things and people achieve a precarious harmony or 'entente': a bell with the surrounding air, a walker with the earth he treads, the hand with the paper it writes on. In this world, threatened by time—'le tranchet de l'instant'—objects assert a discreet but obstinate presence, and man finds again, if only momentarily, his 'enveloppe de paix'.

BIBLIOGRAPHY

Le Papier, la distance (1969); *Intermittences* (1970); *Un Doigt de craie* (1970).

CONSULT

J.-Ph. Salabreuil, 'Jean-Claude Schneider, *Le Papier, la distance*', *La Nouvelle Revue Française*, No. 208 (April 1970), p. 618.

NOTES

Murmure intari
The last of a sequence of eight poems, ibid., Nos. 186–7 (June–July 1968).

Debout sur l'étendue and *Les plâtres inchangés*
The second and third of a sequence of seven poems entitled *Lieux communs*, ibid., No. 213 (September 1, 1970).

JUDE STÉFAN (1936)

Jude Stéfan was born on July 1, 1936, at Pont-Audemer (Eure). He now lives in Normandy at Orbec and is a teacher of literature in the neighbouring town of Bernay. At the age of thirty-one he published his first volume *Cyprès* (sub-titled *poèmes de prose*) and was immediately recognised by René Lacôte as an important poet. A second volume *Libères*, which appeared in 1970, established his reputation and has made him known to a wider public, not only in France but also in England and the United States. He has completed a third collection of poems *Alme Diane*, extracts from which have appeared in 1970 in *La Nouvelle Revue Française* (No. 211) and is at present engaged on *Diurnal*, 'sorte de journal poétique', as he describes it.

The title of Stéfan's first volume *Cyprès* is a key to his work. The tree of death, 'arbre du vrai', dominates all the poems in that volume; and is recalled at the end of the second and complementary volume *Libères*, where freedom, forgetfulness or evasion, as well as physical satisfaction are sought through love. But his love poems, like the poems specifically devoted to death, have a particular and ambiguous urgency, since they too say *memento mori*. For Stéfan, life is a 'faux miracle' and death a necessary finality; but whether he writes of love, solitude, time, or death his poetry is always intensely *alive*. Believing that the poet is above all a craftsman, and poetry 'technique qui inspire', Stéfan has systematically drawn inspiration from the devices, figures and techniques of his predecessors, as well as from classical literature and the Bible. His strictly controlled yet 'free' verse-forms contain echoes from a long line of poets from Villon to Rimbaud; but the tone, images, intellectual qualities and vital rhythms remind one more especially of poets of the French Renaissance, such as Scève, Sponde, and Chassignet. His poems are, however, more than a series of consistently successful *tours de force*. While imitating or adapting past models, Stéfan has expressed, with unusual poignancy, universal themes both from a traditional viewpoint and from within the context of his own time, 'ce temps de masse et de crasse'.

BIBLIOGRAPHY

Cyprès (1967); *Libères* (1970); *Alme Diane* (1972).

CONSULT

R. Lacôte, 'Jude Stéfan, *Cyprès*', *Les Lettres Françaises*, No. 1188 (June 22–28, 1967), p. 8.

J. Borel, 'Jude Stéfan', *La Nouvelle Revue Française*, No. 211 (July, 1970), pp. 101–8.

Renée Riese Hubert, 'Jude Stéfan, *Libères*', *The French Review*, No. 5 (April 1971), pp. 971–3.

See also Stéfan's own comments on his poetry and himself in 'De Catulle', *Les Cahiers du Chemin*, No. 10 (October 1970), pp. 77–103.

NOTES

(Inspiration)
All individual titles in *Cyprès*, and also in *Libères*, are placed in brackets and put at the end of the poem. In a letter to C. A. Hackett, Jude Stéfan wrote: 'le titre préalable fait contre-sens poétique, *poème fait* au lieu de *né*'.

line 15: *oiseaux d'or*: an allusion to *Le Bateau ivre*. Stéfan has devoted a poem 'L'Invaincu' in *Cyprès* to Rimbaud; and as a student he wrote a dissertation *Rimbaud et Lautréamont*.

Libères
Some of the poems in this volume first appeared in *Les Cahiers du Chemin* (No. 1, October 1967, and No. 8, January 1970). The title 'Libères' is a reference to the 'gens libères' of the Abbey of Thélème (Rabelais, *Gargantua*, chap. LVII).

(Oubli)
line 6: *la Vanesse*: the Vanessa, or Painted Lady; a species of brightly coloured butterfly which also includes the Peacock, the Tortoiseshell, and the Camberwell Beauty.

Satiéte
First published, in a slightly different form, in *Les Cahiers du Chemin*, (No. 1, October 1967).

A la nue
The concluding lines of a long poem published in *Les Cahiers du Chemin* (No. 11, January 1971).

DENIS ROCHE (1937)

Denis Roche was born on November 21, 1937, in Paris. His childhood was spent in Venezuela, Trinidad, and Brazil where he attended a school run by the Dominicans at Bahia. He returned to France in

1946 and continued his education at the Oratorian school, Juilly. After a year (1953) at the Collège Stanislas in Paris, he went on to study medicine from 1954 to 1962. His first poems appeared in 1961 in the review *Locus Solus*, and the next year he joined the editorial board of *Tel Quel*. He published his first volume of poems *Récits complets* in 1963. *Les Idées centésimales de Miss Élanize*, which appeared the following year, was awarded the Prix Fénéon. His third volume *Éros énergumène*, a series of poems which he calls 'une manière d'introduction... à un système d'autodestruction', was published in 1968; and he is now preparing four volumes of poetry under the general title *La Poésie est inadmissible*. He has translated Ezra Pound's *Cantos* and *A.B.C. of Reading*, as well as poems by John Ashberry, Robert Creeley, and Charles Olsen; and he is at present editing the complete works of Dylan Thomas.

The poetry of Denis Roche is essentially an anti-poetry, and his evolution as a writer has been determined by his belief that poetry is 'inadmissible'. All his *Poèmes* (a word that serves as sub-title to each of his three volumes) are directed, often with subtlety and humour, against a certain kind of 'Poésie'—lyrical, symbolist, and surrealist—which, in his opinion, expresses the ideology of a decadent bourgeois civilisation. Most of his work, which resembles a vast bewildering collage, can be read, and enjoyed, as a parody—and pastiche—of every known style and genre of French poetry from the seventeenth to the twentieth century. Love, or rather eroticism, the main element in it, is parodied on several levels and in a variety of styles; but the intention is serious, namely, to deprive of all mystique and glamour the kind of love which is the obsession of modern man, and to show that it, like poetry and literature, is a *product* of capitalist society. In *Éros énergumène*, however, the deliberate misuse of literary themes, allusions, and devices is so obvious and systematic that it ceases to be effective as an instrument of subversion. Until now Denis Roche, an intellectual dandy, has played an equivocal game of affirming while denying, exploiting while undermining bourgeois literature and values. There is a risk, however, that, instead of creating a new and revolutionary technique, he may become the victim of his own virtuosity; and, like the surrealists he despises, ironically have to suffer the 'récupération' (a favourite *Tel Quel* word) of his best poems in bourgeois anthologies!

BIBLIOGRAPHY

Forestière amazonide (1962); *Récits complets* (1963); *Les Idées centésimales de Miss Élanize* (1964); *Éros énergumène* (1968).

CONSULT

M. Deguy, 'Denis Roche, *Récits complets*', *La Nouvelle Revue Française*, No. 127 (July 1963), pp. 130–3.
M. Pleynet, 'La Poésie doit avoir pour but...', in *Théorie d'ensemble* (Seuil, 1968), pp. 94–115.
A. Jouffroy, *La Fin des alternances* (Gallimard, 1970), pp. 128–32.
J.-N. Vuarnet, 'Denis Roche', in *Littérature de notre temps* (Casterman, 1970), recueil iv, pp. 205–8.

See also Denis Roche's article 'La Poésie est inadmissible, d'ailleurs elle n'existe pas', in *Théorie d'ensemble* (Seuil, 1968); pp. 221–33; and 'Questions à Denis Roche', *Promesse*, No. 22 (1968), pp. 3–8.

NOTES

Récits complets
The following quotations, used as epigraphs to this volume, explain the ironic title and give some indication of the author's technique:

'O rare instinct, quand donc entendrai-je un récit complet? Cet orageux abrégé est touffu de détails qui réclament une minutieuse distinction' (Shakespeare, *Cymbeline*, Act V, sc. v).

'Cet angle exprime le coin de l'œil nécessaire et suffisant' (Marcel Duchamp).

The first quotation asks the reader's bewildered question; the second gives the author's answer. One of the functions of these

'Récits', which deliberately are never completed, is to make the reader feel that the act of reading, the wish to know what happens next, is itself an erotic act or relationship.

A toute extrémité...
From the first section entitled 'Vingt-deux poèmes pour Ophélie'. This 'Invitation au voyage', or 'Suivez le guide', is a witty blend of echoes from Verlaine's *Fêtes galantes*, Surrealism, T. S. Eliot's poetry, and empty sophisticated conversation; and the second half of the poem echoes Denis Roche's own statement in the *avant-propos* about a journey: 'cet air d'innocence que donnent les allées bien plantées d'un parcours terrestre où l'on peut parler de jeux ou de robes, sans angoisse'.

Parlez-moi vite Madame... and the next poem *Madame je n'ai pas encore rejoint...*
Two poems from the sixth section, a series of ten texts with the general title 'La poésie est une question de collimateur'—a *collimateur* being a collimating lens, which changes rays of light into a parallel beam, and is used in sighting a telescope or a rifle. In place of a title, the date and duration of the composition of each poem are given. Thus, the first of these two poems, written on February 7, 1961, took eleven minutes to write, and the second, written the same day, only seven minutes! While illustrating the remarkable efficiency of Denis Roche's poetic sights or lens, these pseudo-indications are a derisive comment on 'inspiration'.

Les Idées centésimales de Miss Élanize
This volume, like *Récits complets*, is a *miscellanée*. The play on words doubtless suggested the name of Miss Élanize the female figure who, according to Roche, represents 'débordement' and 'fécondité'.

La Vache
From the section 'Kandinsky à venir'. As well as taking one of Kandinsky's early paintings *Die Kuh* (1910), now in the State

Gallery, Munich, as the subject of the poem, Roche is perhaps also thinking of the passage in *Du spirituel dans l'art* where Kandinsky, discussing the colour green, says that it resembles 'la vache grasse, saine, couchée et ruminante, capable seulement de regarder le monde de ses yeux vagues et indolents'. *La Vache*, seen as both an 'espace pictural' and a méthode de lecture', echoes Kandinsky's profound interest in colours and shapes and their action on the spectator. The poem is a tribute at once ironic and sincere to a painter whom Roche admires as the 'brillant théoricien' and author of *Punkt und Linie zu Fläche*.

Éros énergumène
This volume, says Roche, 'porte sur ces formes du discours narratif que l'on nomme encore, sans doute par des impotences de lecture, "poésie" '.

Le verbe ayant produit l'ortie…
line 2: an allusion, like 'fromages' at the end, to La Fontaine's 'La Cigale et la Fourmi'. A poetic genre, the fable, is parodied and attacked, as well as lyricism, the Muse, and inspiration.

line 13: *gorets:* besides meaning 'little pigs' or 'dirty little urchins', an allusion to an imperfect rhyme (consisting merely of assonance), and which Sibilet termed 'rime de village'.

JEAN-PHILIPPE SALABREUIL (1940–70)

Jean-Philippe Salabreuil was born on May 25, 1940, at Neuilly-sur-Seine. After taking his *licence* in Law, he became a writer; and published in 1964 his first volume *La Liberté des feuilles*, which was awarded the Prix Max Jacob. A second volume, *Juste retour d'abîme*, appeared the next year; and in 1969 his last volume, *L'Inespéré*. He died on February 26, 1970, having published only three volumes of poetry; but, as Jacques Réda wrote in his moving homage to the poet, they are three volumes 'qui font une œuvre'. A series of poems entitled *Dans les tombeaux du temps* appeared posthumously in *La*

Nouvelle Revue Française (No. 203) in November 1969; and three poems *Où tu m'es apparue m'éblouir, Au sein noir de la rose* and *Dans l'incarnat des grands fruits* in July 1970, in *Les Cahiers du Chemin* (No. 9).

The title of Salabreuil's first volume is taken from the concluding words of a poem by René Guy Cadou, whose influence is felt in the uncomplicated, lyrical language of its main themes: childhood, love, solitude and death. In *Juste retour d'abîme*, death becomes the obsessive theme; and the style, which the poet calls a 'langage étonné par le destin', is more complex and more mannered. *L'Inespéré* marks a significant development, and Salabreuil, using the prose poem as well as more adventurous verse forms, achieves a synthesis of opposed states; extremes of despair are balanced by moments of ecstatic vision, the fear of death by evocations of childhood and an ideal love. Salabreuil died before he had 'found himself' as a poet. His work is uneven, partly because he developed quickly; and to some extent it is derivative (one hears the ironic note of Laforgue in *La Liberté des feuilles*, and the prophetic tones of Jouve in *L'Inespéré*); but his poems are a profoundly moving record of what he termed an 'ardente volonté de salut'.

BIBLIOGRAPHY

La Liberté des feuilles (1964); *Juste retour d'abîme* (1965); *L'Inespéré* (1969).

CONSULT

J. Chessex, 'Jean-Philippe Salabreuil, *La Liberté des feuilles*', *La Nouvelle Revue Française*, No. 142 (October 1964), pp. 708–9.

H. Ronse, 'Jean-Philippe Salabreuil, *Juste retour d'abîme*', ibid., No. 158 (February 1966), pp. 323–4.

C.-M. Cluny, 'Jean-Philippe Salabreuil, *L'Inespéré*', ibid., No. 205 (January 1970), pp. 129–30.

J. Réda, 'Il s'est mis à neiger', *Les Cahiers du Chemin*, No. 9 (April–July 1970), pp. 200–1

NOTES

Chiffonnerie
line 18: *Théophile:* a reference to Théophile de Viau whose ode *A Monsieur de L., sur la mort de son père* begins: 'Ôte-toi, laisse-moi rêver:/ Je sens un feu se soulever'.

Dans la haute année blanche
From the fourth section, 'Aux sources et vivant'. In a prefatory note, 'Préfiguration', to *Juste retour d'abîme*, the author explains the title of the volume, and the theme of each of its five sections.

Noël
From the first section 'La Triomphante ailée'. In an introductory prose poem, 'Prescience de l'Inespéré', Salabreuil explains the meaning he gives to the word 'l'Inespéré'; and in a concluding *Nota* he comments on the structure of the volume.

JEAN DAIVE (1941)

Jean Daive was born on May 13, 1941. He lives in Paris and his first poems, most of those which form the volume *Décimale blanche*, were published in 1967 in *L'Éphémère*. Poems that appeared the following year in the same review, under the title *Le Cri-Cerveau*, constitute the nucleus of a future volume. In 1970 he founded the review *Fragment*, which has published, in addition to important texts by Bernard Noël, Roger Giroux and the German poet the late Paul Celan, his own poems *L'Absolu reptilien*, and *Criangulation*, 'prolongement en quelque sorte de *Décimale blanche*', as he himself states.

The poetry of Jean Daive has the rigour, tension, and the power of evocation one finds in the work of André du Bouchet, and of Paul Celan. From *Décimale blanche* to *Criangulation*, Daive evokes, at times by an almost mathematical definition of relationships and bearings (triangulation), and at other times by elemental cries from mind and body ('criangulation'), man's search for landmarks and a place in the world's enigmatic void. Cries in which the visceral and the mental seem to merge are accompanied (particularly in his most recent poem) by illuminating insights and a visionary quality, reminiscent of Jouve. The different kinds of spacing which Daive uses in his fragmented yet coherent work are important not only as symbols of purity, endeavour and conflict, but because they give his words varying degrees of intellectual, emotional, or physical emphasis. They are, in fact, an integral part of the poet's exploration.

BIBLIOGRAPHY

Décimale blanche (1967); *Devant la loi* (1970); *Monde à quatre verbes* (1970); *Le palais de quatre heures* (1971).

CONSULT

P. Chappuis, 'Jean Daive, *Décimale blanche*', *La Nouvelle Revue Française*, No. 186–7 (June–July 1968), pp. 1090–2.

GENERAL BIBLIOGRAPHY

Alyn, Marc, *La Nouvelle Poésie française*. Limoges, Robert Morel, 1968.

Bersani, Jacques et al., *La Littérature en France depuis 1945*. Paris, Bordas, 1970.

Bigongiari, Piero, *Poesia francese del Novecento*. Florence, Vallecchi, 1968.

Boisdeffre, Pierre de, *Une Histoire vivante de la littérature d'aujourd'hui, 1939–1968*. Paris, Librarie académique Perrin, 1968.

Bosquet, Alain, *Verbe et vertige*. Paris, Hachette, 1966.

Cardinal, Roger, and Short, Robert Stuart, *Surrealism*. London, Studio Vista-Dutton, 1970.

Entretiens de Francis Ponge avec Philippe Sollers. Paris, Editions Gallimard–Editions du Seuil, 1970.

Garelli, Jacques, *La Gravitation poétique*. Paris, Mercure de France, 1966.

Gavronsky, Serge, *Poems and Texts*. New York, October House, 1969.

Girard, Marcel, *Guide illustré de la littérature française moderne*. Paris, Seghers, 1968.

Jaccottet, Philippe, *L'Entretien des Muses*. Paris, Gallimard, 1968.

Jouffroy, Alain, *La Fin des alternances*. Paris, Gallimard, 1970.

Littérature de notre temps, écrivains français (recueils 1–4). Tournai, Casterman, 1970.

Meschonnic, Henri, *Pour la poétique*. Paris, Gallimard, 1970.

Onimus, Jean, *La Connaissance poétique*. Paris, Desclée De Brouwer, 1966.

Paz, Octavio, *L'Arc et la lyre*. Paris, Gallimard, 1965.

Raymond, Marcel, *De Baudelaire au surréalisme*. Paris, Corrêa, 1933. New edition, Paris, José Corti, 1969.

Richard, Jean-Pierre, *Onze études sur la poésie moderne*. Paris, Editions du Seuil, 1964.

Rousselot, Jean, *Dictionnaire de la poésie française contemporaine*. Paris, Larousse, 1968.

Sollers, Philippe, *Logiques*. (Collection 'Tel Quel'.) Paris, Editions du Seuil, 1968.

Théorie d'ensemble. (Collection 'Tel Quel'.) Paris, Editions du Seuil, 1968.

Tortel, Jean, *Clefs pour la littérature*. Paris, Seghers, 1965.

Vie ou survie de la littérature (*La Nouvelle Revue Française*, No. 214, 1970).